"中国劳模"系列丛书

U0628735

守望油井的"石油鲁班"
唐守忠

刘雪阳◎著

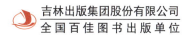
吉林出版集团股份有限公司
全国百佳图书出版单位

图书在版编目（CIP）数据

守望油井的"石油鲁班"：唐守忠 / 刘雪阳著. --
长春：吉林出版集团股份有限公司，2024.3
（"中国劳模"系列丛书 / 徐强主编）
ISBN 978-7-5731-4129-3

Ⅰ.①守… Ⅱ.①刘… Ⅲ.①唐守忠－传记 Ⅳ.
①K828.1

中国国家版本馆CIP数据核字（2023）第159081号

SHOUWANG YOUJING DE "SHIYOU LUBAN"：TANG SHOUZHONG
守望油井的"石油鲁班"：唐守忠

出 版 人	于　强
主　　编	徐　强
著　　者	刘雪阳
组稿统筹	东北师范大学文学院创意写作研究中心
责任编辑	李　鑫
装帧设计	刘美丽

出　　版	吉林出版集团股份有限公司
发　　行	吉林出版集团社科图书有限公司
地　　址	吉林省长春市南关区福祉大路5788号　邮编：130118
印　　刷	唐山富达印务有限公司
电　　话	0431-81629711（总编办）
抖 音 号	吉林出版集团社科图书有限公司　37009026326

开　　本	710 mm×1000 mm　1 / 16
印　　张	8
字　　数	85 千字
版　　次	2024 年 3 月第 1 版
印　　次	2024 年 3 月第 1 次印刷

书　　号	ISBN 978-7-5731-4129-3
定　　价	45.00 元

如有印装质量问题，请与市场营销中心联系调换。0431-81629729

序　言

　　劳动创造财富，劳动创造幸福，劳动创造未来。习近平总书记在2020年全国劳动模范和先进工作者表彰大会上的讲话中指出："全社会要崇尚劳动、见贤思齐，加大对劳动模范和先进工作者的宣传力度，讲好劳模故事、讲好劳动故事、讲好工匠故事，弘扬劳动最光荣、劳动最崇高、劳动最伟大、劳动最美丽的社会风尚。"当今世界，综合国力的竞争归根到底是科技人才和高素质劳动者的竞争。改革开放以来，我们强大的工人队伍用辛勤的劳动和拼搏奉献的精神推动中国制造、中国智造、中国创造走向世界的前列，新时代的中国面貌日新月异。大力弘扬劳模精神、劳动精神、工匠精神，加强高素质技能人才队伍建设，打造一支宏大的知识型、技能型、创新型劳动者队伍，是伟大时代赋予我们的历史责任。

　　劳动模范是民族的精英、人民的楷模，是共和国的功臣。自改革开放以来，广大职工勇立改革潮头，独立自主，奋发图强，勇于创新，其中涌现出一批批全国劳模和大国工匠。他们参与建设了代表中国高度、中国速度、中国深度的一系列重大工程，提升了国家实力，打造了"中国名片"，树立了"中国品牌"，增添了"中国力量"，充分释放出工人阶级的创新活力，展示出大国工匠的强大创造力。他们以工人阶级的满腔热忱在各自平凡的工作岗位上取得了辉煌的成绩，书写了新时代的壮丽篇章。

爱岗敬业、争创一流、艰苦奋斗、勇于创新、淡泊名利、甘于奉献的劳模精神，崇尚劳动、热爱劳动、辛勤劳动、诚实劳动的劳动精神和执着专注、精益求精、一丝不苟、追求卓越的工匠精神，是广大劳动群众在社会生产实践中锤炼形成的弥足珍贵的精神财富，是工人阶级伟大品格的具体体现，是民族精神和时代精神的生动诠释。民族复兴需要劳动模范，祖国强盛需要大国工匠，中国制造、中国智造、中国创造更需要大国工匠的强有力支撑。劳模、工匠等的成长故事、先进事迹中承载的劳模精神、劳动精神和工匠精神，是激励全国各族人民团结奋斗、勇往直前的强大精神力量。

"中国劳模"系列丛书，采用图文结合的方式，讲述全国劳模、大国工匠和先进工作者们的成长经历及他们追梦、筑梦、圆梦的故事，用他们在平凡岗位上创造不平凡业绩的真实故事感染读者，推动形成劳动最光荣、劳动最崇高、劳动最伟大、劳动最美丽的社会风尚，引导广大技术工人和青少年形成劳动光荣、技能宝贵、创造伟大的观念。

"匠心筑梦，强国有我。"新时代是一个万象更新、生机勃勃的时代，也是一个继往开来、创新创业和建功立业的大时代。希望广大读者能以劳动模范为榜样，以大国工匠为楷模，立志技能报国、技术强国，踔厉奋发，勇毅前行，锤炼思想品格，汲取劳动智慧，勇于担当、勤于钻研、甘于奉献，为推进新型工业化和乡村振兴，为加快建设制造强国、质量强国、航天强国、交通强国、网络强国、数字中国、农业强国，全面建设社会主义现代化国家贡献青春力量。

中华全国总工会副主席（兼）

中国航天科技集团有限公司第一研究院

211厂14车间高凤林班组组长

2022年11月

唐守忠，1970年生，山东东营人，中国石油化工股份有限公司胜利油田分公司孤岛采油厂采油工特级技师，现为中国石化集团公司采油工技能大师、山东省首席技师、胜利石油管理局有限公司工会（兼职）副主席，2018年获准享受国务院政府特殊津贴。唐守忠先后荣获全国劳动模范、齐鲁大工匠、泰山产业领军人才、富民兴鲁劳动奖章、油田第四届为民技术创新金奖等荣誉30余项。唐守忠探索研发稠油井掺水提效装置，有效填补了国内稠油开发技术空白，获全国能源化学地质系统技术创新成果一等奖。多年来，他获得72项国家专利，填补了17项国内相关领域技术空白。

2017年4月，唐守忠作为全国五一劳动奖章获得者受到了党和国家领导人的亲切接见，并代表亿万产业工人在北京人民大会堂作了发言；2018年当选胜利石油管理局有限公司工会（兼职）副主席，获得"齐鲁大工匠"的荣誉称号；

2019年荣获第七届"山东省省长质量奖提名奖"；

2020年被评为全国劳动模范称号；

2022年获得全国技术能手荣誉称号；

2023年被评为"鲁班首席工匠"。

2015年，油田建立唐守忠创新工作室，如今工作室有成员160余人，主要由油田各单位技术骨干构成。近年来，依托培训基地和工作室，唐守忠带徒创新发明"游梁式抽油机毛辫绳举升装置""纵横向电机滑轨调整装置"等40多项成果、专利技术，完成4项技能创新成果的集成优化工作，在油田现场应用后创造经济效益4000万元。先后对4400名员工进行采油技能培训，涌现出212名技术能手，36人在中石化、油田职业技能竞赛中获奖，2人晋升为采油厂首席技师，4人晋升为主任技师，62人晋升为技师、特级技师。

"工人有技术才能更有力量，有工匠精神才能更有作为，圆梦就在岗位上。"唐守忠坚信，每名员工只要履职尽责，积极践行价值创造，就能成就自己岗位建功的梦想，为油田争当大国顶梁柱做出自己的贡献。

目 录

| 第一章　少年时代 // 001

　　童年经历：早熟的"小大人" // 003

　　命运的选择：懂事的"叛逆" // 007

　　求学之旅：黄金年代 // 013

| 第二章　越过山丘 // 023

　　走出迷茫：三角锉刀中的"山峰" // 025

　　直面不足：知识是第一生产力 // 033

　　创新之光初显：小细节，大改变 // 040

| 第三章　挑战不可能 // 047

　　危机中孕育新变：迎难而上勇创新 // 049

　　群策群力：创新路上的"团体赛" // 053

　　孤岛不"孤"：将加法变为乘法 // 060

| 第四章　两种胜利 | // 065 |

师徒：油田事业需薪火相传　//　067

丈夫与父亲：家庭是坚强后盾　//　080

| 第五章　成就与展望 | // 089 |

不忘初心：坚守一线勇担当　//　091

新时代大国工匠：不变的责任意识　//　096

荣誉之下：从山东到北京　//　106

| 结束语　//　113

第一章　少年时代

童年经历：早熟的"小大人"

　　心中有信仰，脚下有力量。唐守忠如同一株红柳，深深扎根在黄河入海口盐碱荒滩34年，他坚守"我为祖国献石油"的赤诚初心，矢志做一名知识型、技能型、创新型石油工人；他秉承精益求精的工匠精神，立足岗位痴心钻研、攻关破题，被称赞为"石油鲁班"。自1989年进入胜利油田孤岛采油厂工作，唐守忠不断开拓进取，针对采油工艺技术及配套设施突破性地进行发明创造，解决了生产疑难问题100多个，完成了100项创新成果，他以自己的亲身经历体现出了新时代胜利精神和劳模精神。而追溯那些逐渐远去的童年岁月便不难发现，唐守忠在工作与生活中的这份沉稳和细致是同其儿时的经历息息相关的。

　　1970年夏天，唐守忠出生在山东省梁山县王府集乡一个偏僻的村落里。时值一年中最闷热的季节，医院外太阳刺眼，不绝于耳的知了声让人心里十分烦躁，而在医院的走廊里，即将成为父亲的唐先云正焦急地等待在产房的门外，他试图用走动的方式来排解自己的紧张和担忧。终于，一阵响亮的哭声打破了沉闷和压抑，紧接着，一位护士推门走出来向他传递喜讯："恭喜恭喜，母子平安，您家又添一个大胖小子！"在这个榴花似火的季节中，这个唐家最小的孩子在医院新生儿的档案簿上留下了自己在世界上的第一个脚印。唐先云以"守忠"为他命名，意在希望儿子能够成长为一个意志坚定、善良忠厚的人。这不仅是父母对他的期望，也成为他成长道路上的不懈追求。

童年时，唐守忠一家人生活的地方叫刘庄村，属于山东省微山县，这里不仅是有名的太昊伏羲发

⊙ 2018年11月，唐守忠生活照

祥地，还是微山湖的泄洪区。微山湖风景秀美，有着能媲美江南的荷花塘，在唐守忠的记忆中，那段岁月是充满着乡情与童趣的。在夏天的时候，唐守忠就同哥哥们一起去捉鱼、采莲蓬，冬天则能堆雪人、打雪仗。不过可惜的是，每年春夏季微山湖水位上升达到洪水警报线时，相关部门就会通过向泄洪区引流洪水的方式以减少对水域周边的危害。为此，刘庄村的居民经常需要依据洪涝情况进行整体搬迁。对于童年时的唐守忠而言，不断的搬迁、转移，让他和童年玩伴们逐渐走散，因此他在日常生活中总是显得有些孤单。同时，由于唐守忠父亲的工作调整至山东省东

营市河口区孤岛镇荒洼管理站，离家有400多公里，因为距离远，无法照顾家里。所以，生活的重担也都压在了母亲李秀云的身上。

在唐守忠的记忆中，母亲一直都是一位温和善良却又极其坚韧的女性。当父亲不得不奔赴异地工作后，母亲没有一句怨言，而是迅速成为家庭和孩子们的支柱。那个时候，父亲的工资是他们一家生计的来源，但随着孩子们的年龄越来越大，上学的问题也摆在了一家人面前。为了给孩子们攒学费和贴补家用，李秀云在兼顾农活的同时还需要四处打零工。不论是在瓜子厂装瓜子、称重，还是到野地里撸麻布叶晒干卖钱，只要是缺人手的地方，她总会去试试运气。干麻布叶有清暑、消食等功效，但这种植物却需要在炎热的夏季采摘。为了能赶在日头最盛前摘完麻布叶，母亲李秀云经常赶在天蒙蒙亮时就出门，等到他们兄弟几人睡醒、准备去上学时，母亲就已经回来为他们准备好了早饭，在门口晾晒新采来的麻布叶了。

正是因为成长于这样的环境，唐守忠早早就有了超出年龄的成熟和担当，学着哥哥们的样子一起帮母亲分担家中事务。唐守忠是家中最小的孩子，但在大哥唐守城看来，自己的这个小弟弟却是家中懂事最早的孩子。每逢秋日，母亲就会带着他们一起"拾秋"来补贴家用，而每次"拾秋"，唐守忠总是收获最多的那个。记得有一次，小弟唐守忠因为在家写作业没去"拾秋"，母亲便带着哥哥们在田间地头忙碌，直到天黑透了才回家。那一天他们拾了一麻袋豆子，十分开心，强忍着饥饿往家里赶。唐守城走在最前面，当他远远地看到了家里的炊烟时兴奋地跳了起来，指着家的方向说："快看，一定是爸爸回来了！"

出乎意料的是，他们到了家里，推门一看才发现原来不是父亲，而是独自在家的唐守忠为他们准备好了晚饭。李秀云看到小儿子正举着瘦弱的胳膊用力劈柴，眼中不禁泛起了泪花，她爱怜地抚摸小儿子的头给他擦拭汗水。在哥哥唐守金的记忆里，自己这位小弟所准备的饭菜其实很难称得上美味："有个菜特别咸，另外的那个却没什么味道。"但心里已经很满足了，而年幼的唐守忠看着母亲和哥哥们脸上洋溢着的笑容，也不禁暗下决心要快快长大，尽早为父母排忧解难。

1978年，唐先云在东营的工作稳定后，便计划着将妻子与孩子们接过来一家团聚。虽然如今驾车从微山去东营仅需要几个小时，可是在当时交通并不便利，一家人花了三四天的时间才到东营，中间倒了好几次车，而乘坐的客车上往往人满为患，大多数时候连个座位都没有。为了省钱，他们没有去住旅馆，而是在等车的时候打地铺休息。在这样颠簸艰辛的旅程中，8岁的唐守忠没有喊过一声苦，只是安静地凝视着家乡的方向，并在摇晃的车厢中畅想自己未来的生活。

命运的选择：懂事的"叛逆"

1963年，华北平原上，一股黑褐色的液体在华八井中喷涌而出，这座位于山东东营村附近的华八井中喷出的是华北平原的第一股工业油流。在经历了从华一井到华七井的失败后，华八井的喜讯不仅给在场的地质勘探人员打了一剂强心针，也开启了胜利油田的开发史，彻底改写了"华北无油田论"。胜利油田也随着坨11井的顺利试油放喷，成为日产原油1134吨、仅次于大庆油田的全国第二大油田。还未来到东营时，唐守忠就听说过许多关于油田开发的故事，不论是铁人王进喜还是孤东会战，都在他心里埋下了理想的种子。那时还有两个人帮助他树立起了自己的人生目标，其中一人就是当他们搬来东营后来到家里暂住的一位"大朋友"。

在同一屋檐下长大，当懂事和听话逐渐成为他的标签后，唐守忠留给家人的印象更多的是不善交际。哥哥们都知道自己的这个小弟不爱说话，更不习惯和别人说出自己内心的想法。当他们还住在刘庄村时，比起和乡邻的小孩儿们一起在外面玩耍闲聊，哥哥唐守金觉得小弟似乎更喜欢安静地做自己的事情。来到东营后，他发现不同于自己坐不住、喜欢玩闹的个性，小弟总是显得极有定力，是他们兄弟四人中最喜欢读书的。唐守忠把书当作无声的朋友，如饥似渴地阅读各种书籍。唐守城也记得那时候家里有几本爸爸带回来的连环画册，每当他想要找来看看的时候，去小弟的枕头或者桌子旁翻找准没错。因为家境不算富裕，唐守忠没有什么办法接触到更多的书籍，甚至那些连环画册的书页都被翻得卷了边，他依旧很珍惜地将其好好保存起来。他对于知识有一种发自内心的热爱。在唐守忠12岁那年，他遇到了一个比自己年长7岁的人，他们成了朋友，在这位朋友的激励下，唐守忠走上了一条与众不同的路。那时候，唐守忠不知道这会成为故事的开端，更不知道他自己在未来有一天能跨越400多公里的距离，代表亿万石油产业工人在北京的人民大会堂发言。

1982年的9月，一个名叫白宪羽的年轻人敲开了唐守忠家的门。他是唐守忠家乡的亲戚，技校毕业后被分配到了孤岛采油厂采油四队。白宪羽的到来让因为工作离开家乡的唐先云不禁想起曾经家族成员守望相助的温暖时光，因此，他把白宪羽当作亲弟弟般对待，每周都要邀请他来家里吃一顿饭。为了报答唐先生一家人的热情款待，白宪羽不时会带些酒菜来。有一次，正当他准备离开唐家时，一向沉默的唐守忠突然叫住了他，问他可不可以帮自己找一本书。

"当然可以了！"白宪羽有些意外地说，"我们油厂里有一个借阅室，你想看什么书，我可以试试看能不能帮你找来！"

在因为书变得孤单的日子里，唐守忠也因为书逐渐和这个大自己7岁的叔叔结成了"忘年交"，白宪羽丰富的知识和开朗的性格使他们的关系亦师亦友。从白宪羽1982年参加工作到1983年去胜利油田职工大学深造，唐守忠都和叔叔白宪羽生活在一起。有时他也会骑着自行车去油厂探望白宪羽，当对方在芦花丛中检查抽油机时，唐守忠这个原本不爱说话的少年便站在一旁不时问一些关于抽油机和井站的问题，甚至在对方复习专业知识时也会坐下来一起学习。对此，白宪羽不觉得厌烦，只是打趣般问唐守忠能看懂多少，而唐守忠总是摇着头，显得有些腼腆，两个人就一起笑起来。

有一次，两人在田间散步时，唐守忠问了白宪羽这样一个问题："你为什么要选择成为一名石油工人呢？"白宪羽感到很意外，却也没有敷衍了事，而是将自己做出这一选择的原因娓娓道来，其中既有他渴望投身国家石油事业发展的热情，也有出于对家庭与自身实际情况的考量。他还同唐守忠说起自己之前看过的一部小说《钢铁是怎样炼成的》，以保尔·柯察金的故事鼓励唐守忠寻找自己的人生方向和梦想。"希望我们都可以像保尔·柯察金那样不断上进、不断学习，这样不论未来选择什么样的路，一定都会有所成就的！"

抽油机日夜不停轰鸣作响，茂密的芦花中计量站静静地伫立着。自从白宪羽来家里后，母亲李秀云发现自己的小儿子开朗了许多，在闲聊时，唐守忠也会聊起从叔叔那里听到的故事。不过，那时全国高考已经恢复，在母亲心里，成绩优异的小儿子如果能继续升学参加高考，或许会有一番天地供其遨游。可是，她没有想到，那时唐守忠就已经悄悄下定了决心，并希望父母能够

⊙ 2018年6月，唐守忠（左二）在生产现场观察创新成果"游梁式抽油机补偿平衡装置"应用情况

理解自己这小小的"叛逆"。

20世纪80年代，胜利油田进入高速开发阶段，整建制、集团军大会战是胜利人艰苦创业的显著特色，其中最有代表性的就是孤东会战。孤东会战历时半年，从1986年3月21日到9月20日，钻井794口，投产新井783口，建成了全国最大的滩海整装大油田。从此，"会战"一词成为那个激情燃烧的火红年代中挥之不去、永不褪色的历史记忆。或许是受到叔叔白宪羽的影响，或许是感受到了时代的召唤，在唐守忠看来，自己选择成为石油人是内因外因共同作用的结果。而在老师和家人的不解中，父亲是最终给予了他支持的人。

唐先云是村子里为数不多的"文化人"，更是靠知识改变命运的典范。毕业后，唐先云成为一名村干部，奔波于家庭和单位之间。在唐守忠的记忆里，父亲常常天不亮就要出门，一直工作到深夜才回家，而在岗位调动至东营后，父亲分管的土地工作也更加繁杂，尤其是那个时期许多土地刚刚投入开发，工作千头万绪，他常能看到父亲在回到家后还要坐在书桌旁，在昏黄的灯光下一点点地核对数据、绘制图表。在工作之余，唐先云对几个儿子的教育问题也非常重视，尤其是成绩优秀的小儿子。每当学校的老师提及唐守忠有很大希望能够考上一个不错的高中，甚至有可能去读大学时，他总觉得十分欣慰。不过，当唐守忠郑重地向父亲提出自己将来想做一名石油工人的想法时，唐先云非常震惊，但并没有立即反驳儿子，而是平和地说："你的哥哥们都已经工作了，现在咱们家完全有条件供你继续读书，所以你再好好想一想，过几天我们再讨论这件事吧。"

第二天晚上，唐守忠坐到父亲的书桌对面，表示想要说一说自己的真实想法。回忆那天父子两人究竟说了些什么，唐守忠这样说："我做了一些功课，看看能不能说服父亲支持我的决定。我告诉父亲上高中考大学固然是我的愿望，但我从两个方面考虑。一方面是家里的条件不好，母亲甚至还要起早贪黑生豆芽来补贴家用。我打听到技校每个月都会给学生发18.5元的生活费，这足够让我自食其力了，而另一个方面则是因为我从小就是听着孤东会战和胜利油田的故事长大的，成为一名优秀的石油工人就是我的梦想。"在听完唐守忠的话后，唐先云在欣慰之余，也萌生了一些感慨：他还未曾想到儿子已经有足够的勇气来选择自己未来的路。

作为我国重要的石油工业基地，胜利油田是在20世纪50年代华北地区地质普查和石油勘探的基础上发展起来的。几十年来，胜利油田涌现出了无数优秀的石油工人，他们牢记"我为祖国献石油"的责任使命，坚持以国为重、多产原油、多做贡献的初心，凝结了"从创业走向创新，从胜利走向胜利"的新时期胜利精神。唐守忠向往着，也渴望着能够承续这样的精神，为石油事业的发展做出自己的贡献，以梦为马，不负韶华。满怀着对未来的憧憬，在父母的嘱托与不舍中，唐守忠踏上了求学的道路。

求学之旅：黄金年代

作为胜利油田十大技校之一，河口技校为油田各个单位培养了许多石油开采、加工等方面的技术人才。如今经历校区合并，河口技校老校区已经不再承担教学任务，它更多的是作为办公场所使用，因而显得有些荒凉。不过当穿过那郁郁葱葱的小花园时，人们似乎还可以听到昔日校园内学生们的欢声笑语。唐守忠每每回忆起在技校求学的时光，依然能够感受到校园生活的轻松自在和惬意。1986年，16岁的唐守忠以优异的成绩考入了胜利油田河口技校，收到录取通知书的那一天，已经调去其他地区任职的叔叔白宪羽也打来电话庆祝。不过说到自己对于侄子的影响，白宪羽却不喜欢以所谓的"老师"自居。在他看来，自己的出现仅是为侄子未来的选择提供了一种可能性，他认为唐守忠能在事业上取得成就，不论是因为童年时光的影响，还是后来的顿悟，最终靠的是唐守忠自己丰富的知识经验与踏实肯干，更离不开唐守忠求学过程中的努力和勤勉。

如果可以将人生比作爬山，那么与叔叔白宪羽相处的那段岁月对唐守忠来说相当于爬了一段缓坡，途中有许多优美的风光供他观赏。以优异的成绩考入技校后，他又靠着自身的悟性与努力面对繁重的课业应对自如。唐守忠学的专业是采油注水，主要对油水井生产与技术管理等基本理论和方法进行学习，掌握油水井生产工艺、设计和施工管理及分析方法以及气井开采生产现场的维护与日常管理等，为将来从事采油工作及生产管理工作奠定理论基础。他的同学都记得，唐守忠的学习能力非常强，各科成绩都在班级名列前茅，尤其是渗流力学这门学科。作为一门研究渗透的运动状态与运动规律的学科，渗流力学除了要求学生能够掌握专业的分析思路与公式之外，有时还需要建立数学模型辅助运算，因此，这门课难倒了不少的学生，然而唐守忠却显得游刃有余。有一次，老师听过他对于某道题目的解法后，也不禁赞叹唐守忠清晰的思路，所以在后来的几次课上，唐守忠也常常作为老师的"小助手"给同学讲解自己对题目的理解，为此他还专门在私下练习一番，努力让自己的话更加通俗易懂。这段经历不仅锻炼了唐守忠的胆量，更提高了他的口才水平，为他以后的"传帮带"打下了良好的基础。

不过，这些成绩并没有让唐守忠感到满足，在学习好本专业知识的同时，他也把探索的眼光投向另一个领域——石油地质。工程、地质不分家，采油注水专业主要是研究地面流程和井筒方面的知识，而石油地质却是研究油气的生成储存的地质环境的学科，只有对地质和工程两方面知识全部熟知，才能更好地管理油井。而张延国——在河口技校念书时和唐守忠关系最亲近的同学——则在提起这些往事时边笑边叹气："我和他的专业其实相差很多，但唐守忠得知我是地质专业的，就经常在课余时间跑到我的宿舍，借我的专业课本不说，还提出特别特别多的问题，我简直成了他的地质老师！"不过，也是在这样讲解的过程中，张延国发现自己对于地质知识的理解越发深入，可以说正是在这位"问题多多"的朋友的直接影响下，他的专业课成绩也名列前茅，他经常同唐守忠一起作为优秀学生代表上台领奖。

在理论学习之余，去采油一线实习的经历也使唐守忠对知识的理解更为深入透彻。在技校学习的第三个年头，唐守忠被分配到河口采油厂采油二队25号站，开始为期一年的实习。25号站站长叫张鸿亭，是胜利油田第一批采油工技师，有着丰富的工作经验和精湛的技术，是唐守忠在一线队里的第一位师傅。唐守忠非常珍惜这次珍贵的学习机会，每天都会第一个到岗，跟着张鸿亭去巡井巡线、录取资料等，即使被安排去进行一些故障处理和日常维修的工作，他也从来没有一丝懈怠。

其实那个时候由于唐守忠刚刚进入工作岗位，他的实践经验是远远不足的，也因此闹了不少笑话。有一次他被安排去抽取油样，因为抽取油样是日常监测中的基础操作，所以为了检验他对这一操作的掌握程度，张鸿亭特意没有亲自指导而是站在一旁观察他准备如何操作。其实，这个操作唐守忠在学校里已经练习过许多次了，可是等到真正站在庞大的油井机旁时，他却突然有些不知所措。按照程序，他应该站在上风头，缓开闸门，再上冲程分三次把油样取完，但此时唐守忠既忘了如何判断风向，又因为开启闸门的速度过快，等闸门转动的下一秒，黑色的油便突然喷涌而出，溅了他满头满脸。面对此情此景，张鸿亭并不觉得意

⊙ 丛式开发井组照片

外，他一边熟练地迅速将闸门关闭，一边无奈地笑起来，问道："怎么样，小伙子，这里的情况和你在学校里学到的不太一样吧？"唐守忠有些尴尬，也觉得十分羞愧，更加谦虚地向张鸿亭请教该操作的细节。

实习的经历不仅给了唐守忠理论与实践结合的机会，也让他同"石油精神"有了一次近距离的接触。他还记得那时，队长和师傅在工作之余就会为他讲解"四个一样""三老四严"的精神。"四个一样"于1963年由李天照任井长的大庆油田采油一厂二油矿五队5-65井组首创，得到周恩来总理的高度赞扬，并与"三老四严"一同写入当年颁布的《中华人民共和国石油工业部工作条例（草例）》，作为工作作风的主要内容。"四个一样"是党的优良作风和解放军的"三大纪律八项注意"同油田会战具体实践相结合的产物，也是大庆油田广大职工自觉坚持标准、严细成风的真实写照。而"三老四严"则具体指的是"对待革命事业，要当老实人，说老实话，办老实事；对待工作，要有严格的要求，严密的组织，严肃的态度，严明的纪律"。这些都是大庆石油职工在会战实践中形成的优良作风，是石油精神的重要标志，更是每一个石油人永远延续的红色传承。在唐守忠眼里，"三老四严"体现的是高标准、严要求、高质量，他不仅将师傅们的教诲记在心里，也在具体的学习与实践工作中积极践行这些准则。仅仅半年的时间，他已经能够娴熟地处理各项事务了。同年8月，唐守忠正式毕业并被分配至采油九队。因为品学兼优，毕业时他获得了"油田三好学生"的荣誉称号，以4级工身份参加工作。当时普通的技校毕业生大多只是3.5级工。唐守忠迅速地将自己在实习过程中积攒的经验转变为工作中的实际技能，这也让他在工作之初更快地完成了身份转变，成为队里值得信赖的"小班长"，有时站长去开会学习就会交代他负责许多工作，19岁的唐守忠也总能够不负重托，带领站上的同事们安全快速地处理一个又一个突发情况。在那个年代，水套炉是冬季生产必不可少的加温设备，主要由火管、烟管和受热盘管构成，它的操作原理是首先由烟管和火管内的烟气对其周围的水进行加热，然后热水对盘管内的原油进行水浴加热，提升盘管内原油的温度，以便原油外输。有一次，站上的水套炉发生了故障，无论怎么加热温度都提不上来，当时唐守忠思索了一会儿，就说这看起来像是水套炉缺水导致的，随后经过认真排查，发现果然是这个原因，站上的同事们都对他分析处理问题的能力赞不绝口。

这份对于工作的认真和执着，也逐渐成为唐守忠坚守的信条和带领团队时的精神指南。后来他在担任采油班班长的时候，一次夜班查岗，正巧赶上一名新员工值班，那天晚上，这名员工正在房间里喝水，唐守忠突然敲门进来了，问道："你今天晚上的巡线任务完成了吗？"这名员工这才意识到自己似乎还有任务没完成，但又因为害怕被批评，目光躲躲闪闪地小声回答道："唐师傅，我刚才已经全部巡了一遍，都没有问题了。"

听到他这样说，唐守忠将藏在背后的另一只手伸了过来，在唐守忠的手掌中静静躺着的是一枚红色的牌子——早些时候，为了保证巡井巡线无死角，采油队推行巡线挂牌制度，白天挂红

⊙ 2007年5月，唐守忠（前排左二）在注采401站当站长时的团队合影

牌，晚上挂白牌，而这枚尚未被调换的红牌自然也就成为这名员工工作疏忽的"证据"。看着这枚红牌，新员工不禁羞愧地低下了头，连声说对不起，并保证自己会深刻检讨今天的错误，以后绝对不会再犯。唐守忠并没有严厉地训斥他，而是平心静气地分析了巡井的重要性，并当即决定和他一起再巡一次。第二天，唐守忠又就此问题特意召开班前会，详细给大家讲述了目前油田综治治理和安全生产的重要性，并带头剖析自己平时的懈怠思想，班组成员也都进行了深刻的自我剖析。他的举动影响了员工，大家认识到"三老四严"就是安全生产的根基，是班组每个成员的做事标准、做人原则。

　　直到现在，回想起当年自己决定申请入党的那天，唐守忠依然觉得十分激动。父亲唐先云核对数据、绘制图表时认真、严谨的样子，从小就深深地印在了他的脑海里。在每次泄洪和抢险救灾时，父亲也总是奔波在一线，紧盯重点区域和薄弱环节，一边巡堤查险一边协助村民转移。与此同时，许许多多像父亲一样冲锋在前的党员用自己的实际行动为村民们筑起了"安全岛"，更在之后带领他们积极修复家园，尽快恢复生产生活秩序，这些让唐守忠对于"共产党员"这一概念形成了最初的认知。而在成为一名石油行业的学生后，他也了解到更多孤东会战时期中国共产党员的先进事迹。可以说从那时开始，唐守忠就默默地为自己树立了目标，那就是努力学习，锤炼品格，争取早日加入党组织。

　　如果说孤东会战的壮丽画卷在唐守忠心中埋下了一颗火热的种子，那么他身边优秀的共产党员们，则用他们的实际行动，默默浇灌了这颗种子，让它生根发芽：共产党员张珍喜师傅，为了消除泄漏险情，在凛冽的寒冬跳进齐腰深的污水里紧急补漏，润湿了他的眼眸；共产党员李吉强，骑着摩托车奔波30公里将赶不上公交车的职工送回家，一口水都没有喝，又趁着夜色往回赶，温暖了他的心扉……唐守忠还依稀记得在自己正式上班的那一天，一向早早出门的父亲特意等着和他一起走。看着儿子稚气未脱的脸，唐先云不由得展露欣慰的笑容，但又马上敛起，严肃认真地对他说："如今你就是一个真正的成年人了，无论在哪个岗位，都要干一行、精一行，懂技术、有本事，只有这样才能创造更多的价值。"父亲的肺腑之言不仅是自身多年工作与学习经验的总结，更是一种殷殷嘱托。唐守忠用力点点头，暗下决心一定会将父亲的勉励作为工作的标尺，好好干，干出个样子来。而他也在正式被分配到孤岛采油厂的第二年就郑重地递交了入党申请书，把满腔的热血化作实际行动，践行自己的铮铮誓言。

满怀对未来的憧憬，唐守忠走上了自己的工作岗位，可是那时候，他还未意识到在石油行业前行也如爬山，他将面对的是一段理想和现实的冲撞。

第二章　越过山丘

走出迷茫：三角锉刀中的"山峰"

有了实习期间积攒的经验和知识，唐守忠认为等待着自己的未来一定会是一帆风顺的，但现实却并非如此，相反，在正式走上工作岗位后，唐守忠日渐意识到自己似乎行走在一段漫长的下坡路上。丰满的理想与骨感的现实之间的巨大鸿沟，让他逐渐迷失了方向。

在学校时，唐守忠的老师很多都曾是一线采油工人，他们曾向学生提及一线的工作环境之辛苦，但对于那时的唐守忠来说，内心的热爱已经足够抵消这些"差评"，何况时过境迁，油田内部的许多基础设施建设也肯定有了长足的发展和进步。在他的想象中，自己的工作环境怎么也不会比叔叔白宪羽的还要恶劣才对。然而，当他乘坐的小车摇摇晃晃地驶入一片被黄风包裹的区域时，唐守忠心里既有兴奋和激动，也有一种莫名的怀疑——海边风大他是知道的，可是这股莫名的"黄风"又是怎么回事呢？

胜利油田地处山东北部渤海之滨的黄河三角洲地带，主要分布在东营、滨州、德州、济南、潍坊、淄博、聊城、烟台8个地市的28个县（区）境内，主要工作范围约4.4万平方公里，是我国第二大油田。在人们的印象中，胜利油田一直都是气势恢宏、广袤无边的。唐守忠还记得在电影里，那些高大的采油机如巨人般矗立在大地上，而无数钻井工人则豪情万丈，不畏艰险，将沉重的钻井工具运送到井场。从1961年第一股黑褐色的油柱从井管内喷涌而出起，"黑色黄金"就源源不断地滋养哺育着中国工业。在唐守忠的心里，成为胜利油田的员工，就是真正意义上的"梦想照进了现实"，这是他梦寐以求的事！不过，作为新开辟的采油区，位于黄河入海口的孤岛油田偏僻且设备简陋，这里昼夜温差大，甚至还有大面积的盐碱滩，为油田工人们的工作和生活带来了极大的不便。与此同时，由于地处入海口，这片区域更是常年受海水的侵蚀与浸泡，在来自平原的堆积和海滩的"加持"下，孤岛油田处形成了大片大片的盐碱地。海边的风里带着沙子，等到起风时人们往往连眼睛都睁不开，衣服、耳朵和嘴里都是土。虽然随着时代的发展，许多基础设施都有所改善，但当19岁的唐守忠第一次来到他即将常驻的采油小站时，他能看到的仍然是一片黄白交错的荒漠和一些低矮的草丛和小树。他觉得十分震惊，而对于他的这种不适应，队伍里的老员工们则以亲身经历开导他说："你可不知道这里以前是什么样子呢，那时候油田地面有很多白花花的碱，连水都又涩又苦，跟肥皂水似的，现在这儿可比当时的条件好太多了！"

在不变的风景中，时间也变得混沌，生活中只有日复一日的繁杂工作和无处不在的采油"磕头机"。唐守忠发现这里并没有自己想象中大油田的恢宏气势，有的只是去巡井时难得的好天气，以及风起时沙子和细碎的石头一起砸在脸上的疼痛。除了无法适应的天气和工作环境之外，他也逐渐意识到石油工人的工作原来是如此枯燥、无趣，整个油田仿佛是一台无限循环运转的机器。唐守忠觉得自己似乎只是在不停地抄录数据、巡护油井、吃饭、睡觉，这里和位于东营的油田不同，既没有美丽动人的风景以排解烦闷的心情，也没有家人朋友的陪伴，甚至连休假时的娱乐活动都单调得很。那个时候，唐守忠在无数个夜晚辗转反侧，睡不着觉时他就安静地躺在床上看向漆黑的天花板。窗外，海风裹挟着沙石在玻璃上敲击出嘈杂的声音，他觉得自己好像回到了刘庄村的雨季，还是个孩子的他也是这样安静地等待暴雨的到来，想着明天会不会要再一次举家搬迁。

学生时期的一腔热血逐渐被冲淡，唐守忠不禁反思自己是不是选错了路，他才20岁，难道就要被桎梏在这片盐碱滩上，像那些抽条缓慢的小树般在逐年的风吹日晒中枯萎吗？好在这段低谷期并没有持续太久，而他对于生活与工作的看法也在之后的两次巡井任务中被彻底改变。

唐守忠记得那是一次上夜班，师傅带着他巡井时发现一条污水沟里的单井管线出现了腐蚀、刺漏现象，油水混合物已经外流出来。正当他放下手电筒准备下井时，师傅想也没想，拿起工具径直跳进了齐腰深的污水里，一身水、一身泥地开始清理淤泥，给管线打卡子堵住漏洞。孤岛初冬时节的夜晚漆黑而寒冷，整整两个小时，师傅厚重的棉裤冻成了"冰坨子"，浑身发抖，可是当时的唐守忠由于业务不精，只能在师傅奋力抢修的时候站在沟边递送工具。这次经历让唐守忠很惭愧，他开始反思自己的不足。不久，他们又遇到了一个流程故障问题，唐守忠发现即便面对的是错综复杂的管线流程，队长也能一听到井号就立即找准管线，还没等他们反应过来就倒完了流程。队长对油井掌控熟稔，这对唐守忠触动很大，在结束工作后，他专门向队长请教："队长，您真是厉害，居然能一眼就看出来哪里有问题，我真好奇您是怎么练成这双'透视眼'的？"

面对这个年轻人的称赞，队长却一改平日里亲和的样子，严肃地对他说："小唐啊，这可不是什么'透视眼'，这就是我们石油工人在这些枯燥、简单的工作里练成的基本功，只要你用心去学，积累经验，总有一天也可以像我这样！"

队长的话如醍醐灌顶般让唐守忠清醒过来，他突然明白，原来自己以对新环境的排斥和不适应作为借口耽误了真正重要的事，那就是父亲告诉他的"要干一行，爱一行"。他不想再做只能站在一旁递工具的人，更不想在专业技能上比别人差。从此，在日常工作中唐守忠摇身一变，从之前躲在人群中不起眼的"小透明"变成了师傅们的"小尾巴"，只要看到师傅在具体操作，他就在一旁学着做，有不懂的问题也马上向师傅们请教。凭着一股不服输的劲头，唐守忠重振精神，一刻不停地开始重新"上山"，而在这条需要跨越重重山丘的旅程中，他马上将迎来自己的第一座山——割玻璃管。

如今切割玻璃管的工具已经相当普及，但是在那个年代，油田使用的计量分离器、水套炉等设备用以量油或显示水位的玻璃管都需要人工来切割，因此，手工切割玻璃管便成了采油工人日

⊙ 2008年12月，唐守忠在生产现场的工作照

常必备的技能。这项工作虽然看着简单，操作起来却并不容易：割玻璃管的常用工具是三角锉和砂轮片，切割时要用左手握玻璃管，大拇指按在待切割的位置，并把玻璃管斜放在台面，右手握三角锉，锉的棱边对着切割点并保持刀锋与玻璃管相垂直，右手拇指按住锉刀的上平面，然后稍微用力一拉，便可刻出一个明显痕迹。最后，用两手握住玻璃管切痕的两边并把切痕朝外，两手的拇指按着切口的背面适当用力向前推，同时稍微用力向两边拉，玻璃管便可以在切痕处平整断开。在这个过程中，一方面锉子的磨痕不能太浅，更不能来回磨锉，这样才能保证切割后的玻璃管断口是平整的；另一方面，手工切割从安全角度来说也是一大挑战，一不小心就会把手指划伤。为了熟练掌握切玻璃管这项技能，唐守忠决定下狠功夫来练习。刚开始的时候他怎么也找不到窍门，不是磨痕过浅，掰碎玻璃划破手，就是边缘不齐，浪费材料成本，他的手上也因此布满了锉刀磨出的水泡和碎玻璃划出的口子。有一回他独自在车间练习，一位老师傅偶然路过，看到他有些笨拙的动作和专注的神情，颇为好奇地问："我看到你一个人在这儿练切玻璃管好几天了，怎么样，有没有什么进步？"

"您可别打趣我了！"唐守忠无奈地摇了摇头，感慨不论自己怎么练习似乎都无法掌握锉刀的正确力度和精度，说到这里，又给老师傅看自己那双饱受"折磨"的手："您看看，我这几天经常是这个指头还没好，另一个又受伤了。前几天我看到您做这个特别熟练，您有什么窍门吗？"

没想到他话音未落，老师傅就哈哈大笑起来，随即摘下了自己的手套让他看。唐守忠凑近一看，这才发现对方的手上布满了厚厚的老茧和伤口，那些深浅不一的伤口很大概率都是和自己一样，是因为无法掌握锉痕的力度被划伤的。"要我说呀，这些伤疤就是我的窍门。"老师傅开口说，"但我觉得你不仅是个肯下苦功夫的人，更是个肯用脑子的人，如果你能总结出一套经验来，或许以后的孩子们就不需要像咱们这样受折磨了！"

为了帮助唐守忠练好这项技术，老师傅还贴心地将一些废料收集起来给他练习，而唐守忠也意识到在工作中除了脚踏实地外，其实根本没有什么捷径可走。为了不辜负那位老师傅的心意，他日夜加练，甚至有时回到宿舍还要练，用心琢磨动作要领，反复操作对比试验，终于总结出了"三快两慢一打磨"的技巧。而历经这一番苦练，唐守忠练就了百做不误的割玻璃管"一磨准"技法，这套被他戏称为"哆来咪"的操作法也得以推广，成为后来新员工们练习切割玻璃管的一套基本操作方法。

1989年从河口技工学校毕业时，唐守忠是以4级工身份参加工作的，那时候油田采油工最高等级是8级，因此不难想象那时候的他是多么意气风发，对未来多么充满期待。在理想与现实的落差中迷失方向并非罕见，重要的是如何处理好二者的关系——在脚踏实地的同时志存高远，走出纠结与困惑。凭借着这股不怕吃苦、善于动脑的"钻劲儿"，唐守忠第一次参加采油厂的竞赛就取得了第三名的好成绩，并在1993年被破格晋升为工人技师。早已成为技术大师的唐守忠，在今天，依旧扎根井场，坚守一线。母亲觉得他实在太辛苦，也曾劝他将这些事情都交给徒弟们，但

⊙ 2010年2月，唐守忠正在研究举升装置原理

是唐守忠思来想去，还是这样劝慰母亲："没有哪一行是不辛苦的，只要沉浸其中，就不觉得辛苦了。"

回望工作之初的失落与迷茫，唐守忠越发意识到只要肯努力攀登，再加上祖国繁荣富强的大时代背景，一定会让一个理想的小火苗成长为一团雄雄烈火，而在这个过程中遇到的挫折和迷茫也会在未来为这团烈火增添柴火。在唐守忠勤奋练习技能、越过那座名为"割玻璃管"的大山后，他也发现人外有人，天外有天。面对荣誉，唐守忠并未沾沾自喜，而是变得更努力了——在之后的几年里，学知识、练技能成了他工作和生活的全部。除了日常工作外，唐守忠如饥似渴地吸收着更多新知识，以常人难以想象的毅力啃书本、查资料，自学更高层次的理论书籍，准备翻越另一座"山"。

直面不足：知识是第一生产力

自参加工作以来，唐守忠就是同事们眼中的"吝啬鬼"。不过他吝啬的不是别的，而是时间。在完成实习后，唐守忠给自己定下了"硬指标"：每周掌握一项操作技能，每月学习一本技术书籍，每季接受一次业务考核，努力成为像队长和师傅那样能独当一面的人。这些辛苦的付出让他迅速成长为一名"技术标兵"：在2003年，他晋升特级技师，并在2006年取得国家职业技能鉴定高级考评员资格，此后又被评为中石化技术能手、山东省有突出贡献的技师等，成功地从一名技校生成长为远近闻名的技术大拿。

关于唐守忠是如何练就这一番本领的，孤岛采油厂门卫处的梁女士对此印象深刻，她是唐守忠从一名普通工人成长为孤岛采油厂首席采油技师的见证人之一。梁女士对这个皮肤黝黑的男人印象极深，因为她可是吃了不少唐守忠的"苦头"——一般情况下，傍晚6点会整体检查一遍场地后关门，但是唐守忠却像是在办公室里安了家，不论是工作日还是周末，经常一加班就到深夜12点多，也害得她迟迟不能锁门。除了梁女士，采油厂的技术员也"深受其害"：有一次晚上11点多，本来已经睡着，却突然被一阵敲门声惊醒。他本以为是油井出现了问题需要进行紧急抢修，可没想到打开门后看到的却是唐守忠有些不好意思的笑脸，"老师傅，抱歉打扰您休息了，我有几个单井动态分析的问题实在想不明白，睡也睡不踏实，所以就想来向您请教……"技术员又气又不禁佩服他有这种勤学好问的劲头，便让唐守忠进来，自己则拿出笔记给他一一讲解直到凌晨。

唐守忠回忆，那时候他走到哪里就会把书带去哪里，即使在值夜班出去执行巡井任务时，他也喜欢把书别在腰间，走累了就蹲在井场边打着手电看一会儿。这样不仅能驱散困意，还能做到及时发现自身知识的不足，补齐短板。在正式工作后，唐守忠熟读《采油工艺》《采油地质工》《油田化学》等专业书籍，一点一点地把理论知识"啃透"，同时一项一项地将实践技能练好、练熟，日积月累中，他的技术水平有了大幅度提高，对石油知识的理解和掌握也越发深刻，因此，他也又收获了一个新称号——"活字典"。

在采油一线，抽油机倒电机调参是一项繁重工作，电机型号多、轴轮种类多、零件样式多的"三多"问题让职工们都很头疼，光是找到合适的配件就要耗费大量时间和精力。对此唐守忠深有感触，他暗下决心一定要解决这个问题。为此，唐守忠花费一个星期的时间扎根在队上，白天干活，晚上通宵将所有电机和配件型号逐一进行登记，再到井场上逐个对照记忆。为了能将所有电机和配件型号记牢，唐守忠还想了许多法子，最初他就靠死记硬背先记牢了所有配件的名称和基本用法，后来，如同当时练就切割玻璃技能时一样，尝试通过编一些朗朗上口的口诀把分散的概念整合起来协助记忆。他不仅背下来，还请工友随时随地考他，这也使他练成了"配件一口清"的绝活儿，极大减轻了劳动强度，缩短了停井时间，提高了生产效率，他也成了同事眼中的技术大拿。

不过，众人称赞的"活字典"唐守忠却觉得自己"什么都不懂"。在工作初期朋友们看到他总是加班，十分辛苦，便劝他多多休息，唐守忠却说："不是我不想休息，是我不懂的东西实在太多了，工作千头万绪，只能靠加班来挤时间学。"随着工作经验的丰富和技能水平的提高，唐守忠越发感到自己掌握的知识结构不够完善，他想要在学习石油知识之外进一步完善自身知识结构。

1864年，加拿大著名石油地质学家亨特提出海相生油理论，认为低等海洋生物可能是石油的原始母质，绝大多数的西方石油地质学家也都认为几乎所有的石油都属于海相沉积物，由于中国陆地沉积方式大都属于陆相沉积，因此，中国很有可能是贫油、少油国家。但是中国第一代石油人却凭借自身的不懈努力，依据我国专家独创的石油勘探理论，相继勘探发现华北地区和东北地区的大量油田，为我国工业发展解决了后顾之忧。1978年年底，我国石油产量正式突破11亿吨，一跃成为世界第八大石油生产国。在十一届三中全会后，随着经济的高速发展，中国石油储量不断增加，但也面临着生产和生活中对于石油的需求不断加大的问题。唐守忠敏锐地认识到了中国石油产业未来发展对人才的需要，因此，在工作之余，他还通过函授学习拿到了石油工程、经济管理两个大专文凭。但这个学习过程并不轻松，函授学习的学校距离唐守忠工作的地方60公里，他就这样来回奔波。为了节省时间，每次坐车时他都抓紧时间闭着眼休息一会儿，保证自己以饱满的精神状态来学习和工作。最终，他在辛苦的奔波中完成了自己的学业。

那时候，唐守忠的工友都选择了在所学专业的基础上继续深造，而他为什么选择了这两个完全陌生的专业，许多人都很疑惑。一次，唐守忠的朋友问："你继续学石油开采或者地质学不好吗，为什么要换个不懂的学呢？"唐守忠想了会儿，说："咱们的第一文凭是中专，虽然通过这么多年的自学，涉猎了不少专业知识，但是我总觉得还是不够系统。石油工程专业可以提升专业能力，让我具备石油钻井、采油生产操作、运行、维护和管理能力。而经济管理专业可以让我更加熟悉国家有关方针政策和法规，能深入地分析、有效地解决经济管理中的各种问题，这些都在工作中特别有用。"

学习和工作中的不足推动着唐守忠的攀登之旅，有时候，一些年轻员工问他："您都已经一身'绝活儿'了，平时还学习吗？"对此唐守忠的回答是：多年的工作经历已经让他懂得了知识的重要性，采油和知识是分不开的。相对地，也只有在日常生活中不断地充盈、丰富自己的知识，才能更好地完成工作。惜时如金的习惯唐守忠也一直保持到了今天，在等会议召开的空闲或者在等孩子放学的时候，他都会掏出随身携带的小本子，抓住一切可以利用的时间给自己"充电"。

功夫不负有心人。自工作以来，唐守忠先后被评为中石化技术能手、山东省突出贡献技师、孤岛采油厂首席技师等。此外，面对油田改革发展的全新要求、老油田生产开发中的疑难问题，他也深感重任在肩。唐守忠先后创造了"利用示功图法确定掺水量实施泵下掺水"等10多种绝招与先进操作法；编审了油田标准题库（教材）《采油工实际操作读本》与《海洋采油工试题库》。唐守忠还将自己多年的工作经验整理出来，形成一部《油田技术创新成果与应用范例》。这部由他主编的职工技能创新培训教材以解决油田生产过程中存在的生产疑难问题为主线，有选择性地收集整理了创新工作室近300项创新成果与合理化建议。其内容除汇集了油田注采输、地面流程设备、井下工具用具、机采

⊙ 2014年3月，唐守忠在办公室学习

一体化管理成果外，还介绍了创新理论知识、创新方法及创新技术研究等。教材不追求形式上的完整，而注重创新理论与实践的有机结合，对从基础设备设施的创新认知到具体成果操作规范等内容都作了详细的整理与汇编，对创新成果原理、结构组成及现场应用情况给予全方位介绍。该书更注重创新成果的先进性、前瞻性和针对胜利油田特点的实用性，录入了创新成果在胜利油田生产现场推广应用的一些成功经验，突出了数字化采油的新趋势与特色创新技术，具有很强的实用性、可操作性和推广应用价值，是推进技能操作人员创新创效的教科书，是提升技能操作人员创新创效的实操指南……

全国劳动模范、全国五一劳动奖章获得者、中国石化集团公司首届"石化名匠"、首届齐鲁大工匠……这些年来，集各种荣誉称号于一身的唐守忠更喜欢用"我是一名采油工"来做自我介绍。如今，面对世界性的科技革命和产业革命，在这个风起云涌的巨大转变中，"中国制造"需要什么样的技能人才？又如何实现绿色高效发展？面对这一系列问题，唐守忠用学习接受新知识、积极应对挑战的态度回答了这个问题。他像是一只刻苦学习的笨鸟，或者说，像是那些驻扎在盐碱地上的采油"磕头机"，正在凭借自己的勤勉和严谨不断吸收知识，创造奇迹。

创新之光初显：小细节，大改变

从唐守忠苦心练习切割玻璃管并自创方便记忆的口诀开始，一条科学探索的路也逐渐显现。在实习时，唐守忠发现只有自身的技术过硬才能解决生产中的实际难题，而当他走上工作岗位后，在不断精练技术的同时，也发现工作中许多值得改进的地方，而他的许多创新之举正产生于这种对生活与工作的细致观察。

在1996年唐守忠担任副队长时，队上经常需要安排送修仪器，当时的主要交通工具是自行车，有需要送检修仪器时，大家就将装仪器的箱子绑在车筐里送去。然而矿井道路坑洼不平，因此回声仪、示功仪等精密仪器常被颠坏，这不仅增大了油机的潜在安全隐患，也使检修仪器反而成了时常需要"检修"的那个。为此，队里的许多人都有很大的怨言，说："这么宝贵的东西，难道就不能装得再仔细些，或者给我们配辆车也好啊。"面对这个情况，唐守忠决定接受挑战，看看自己能不能找到方法来解决这种问题。最初他想用海绵或者布条垫衬来防止仪器在颠簸中被碰撞，但当他进行试验时却发现，这样不仅会导致装取的速度过慢，而且一旦海绵固定不当还会让防护措施失效。为此，唐守忠想了许多法子，最终他在摩托车的减震装置中获得了灵感——只要像摩托车那样为箱子安装一个减震器，通过缓冲弹簧和阻尼机构缓冲来自地面的冲击不就好了吗？经过一段时间的探索和试验，最终，他终于加工出一种带有减震装置的工具箱。这个减震箱极大地降低了仪器损坏率，也让挖油机的故障能够及时得到排查。这个不起眼的小创新得到了队员的一致好评，而这次经历也让唐守忠发觉，其实在每一道生产难题背后都蕴含着革新的金点子，如果能在苦练技术的同时通过创新来解决生产中的难题，就能以实际行动来促进油田发展！

在一些人看来，创新是一件陌生且遥远的事，但唐守忠认为只有深入一线、着眼于细节，才能真正发现石油工人们最需要的是什么，才能够让创新真正服务于实践。创新，就是细节上的与众不同和别具特色。在人们通常的印象中，胜利油田机械化高效修井作业技术早已达到国际领先水平，以往忙碌的井口操作工人如今却在"袖手旁观"，看着机械手、机械臂等各种机械代替人工摘挂吊环，油管也实现了自动起下。提及这一现象，唐守忠却有个小建议："虽然现在很多技术已经得到了很好的推广应用，但是在一线工作中，我们还是不能忽视关于油井的任何细小问题，否则有可能在整个工作环节中形成连锁反应。"

那么，"细小"的衡量标准又是什么？在唐守忠看来，小到抽油机上的一个螺栓、分离器里的一粒沙子，抑或培训工具上的一点锈迹……只要存在安全隐患，有值得改进的部分，他都会紧紧抓住不放。还有一件事很能说明唐守忠对于细节的关注，那就是他对于油井分离器的改进。

分离器是油井生产中非常重要的设备，主要用来从油井中提取原油，并将原油与水和气体等进行分离，方便后续进一步测量和提炼石油。可以说凡是有油井的地方，就离不开分离器。然而，从地底涌出的原油往往会携带大量泥沙，这些泥沙非常容易堵塞量油通道，因此，如何方便高效地在抽取原油的过程中进行分离器冲沙，就成了解决这一问题的关键。在过去，油田尝试过很多方法进行分离器冲沙，但都难以达到彻底清理的效果，这成了多年无法解决的"老大难"。唐守忠盯上了这个问题，却一直难以找到突破口，甚至在闲聊时也时常因此陷入苦思。没想到，在日常生活中随处可见的现象给了他灵感，成为解决这个问题的突破口。

唐守忠记得一次他在家用高压锅做饭，在等待的时候，就随手拿出了图纸，坐在餐厅的桌子旁仔细研究了起来，甚至连高压锅呜呜的叫声都没有听到。刚进门的儿子大吃一惊，以为爸爸没在家，结果看到爸爸在餐厅专注地看着什么，才意识到爸爸一定是又痴迷于研究什么东西忘了在做饭。"爸爸，快听，"儿子笑着说，"你再不去关火，咱家高压锅的气阀就要冲上天啦！"

唐守忠那时候正被如何设计冲沙装置折腾得昏头昏脑，听到这句话突然意识到发生了什么，猛地反应过来向厨房跑去。也就是在那个时候，看着高压锅的安全阀一边高速旋转一边喷出热气，唐守忠突然有了一个全新的想法：如果能借鉴这个原理，在分离器底部反复喷射冲洗，是不是有可能又好又快地达到冲沙的目的呢？受到高压锅阀门现象的启发，他联系工友和他一起设计、试验，并最终成功制作出了"分离器底部沉沙冲刷工具"。在现场应用中，这一小小的创新带来的效果比预想的还要好，不仅有效减少了清沙次数，提高了量油准确性，延长了设备寿命，还让冲沙后油井工况合格率大幅提升。这一发明后来被评为胜利油田首届采油系统成果展优秀推广项目、技能人才创新成果一等奖。

除了冲沙装置的发明，还有如今已经收获一线工人们一致好评的"盘根取出器"的发明，也离不开唐守忠对于生活细节的关注和发现。在一个炎热夏季的生产现场，唐守忠看到两位员工在井口上换盘根。这口井的光杆与盘根盒中心对不上，工人们相互配合用平口螺丝刀费力地填加着，不一会儿身上的工衣就湿透了。唐守忠看到这一情景，不禁蹙紧了眉头，下班回到家也不忘对妻子说出自己的想法："生产现场这种O型盘根盒占比这么大，加入新盘根时，旧盘根与盘根盒就属于过盈配合了，总会出现配合困难的问题。这几天油场上越来越晒了，我得想想有没有办法能快速填加，让大家少受点罪。"

然而，更换盘根作为石油机日常维修保养的环节却较少受到关注，因此几乎没有什么相关研究成果，更别提想办法对工具进行改进了。唐守忠翻阅了许多资料，也动手设计并试验了几种装置，却发现他的"发明"不仅没有什么帮助，反而让更换的过程变得更麻烦了，这也让他的研究一度陷入了停滞。一次，唐守忠约了几个朋友在家小聚，准备让自己放空几天重新思考。当妻子

⊙ 2014年4月，唐守忠在机械加工厂加工创新成果

拿着红酒开瓶器打开红酒时，他突然眼前一亮，"就是这个啊！"唐守忠马上接过妻子手中的红酒，一边旋转着红酒开瓶器一边思索着，脸上露出释然的微笑。这让在场的朋友和妻子有些摸不着头脑。直到后来看到他设计的盘根取出器，才恍然大悟。唐守忠所设计的工具贴合光杆，角度与盘根切口方向一致，利用螺旋原理就能轻松地将旧盘根取出。这个工具的使用使更换盘根的操作更加方便，也标志着又一项"唐守忠牌绝招绝活"加入了服务油田生产的行列。

随着革新成果越来越多、应用越来越广，唐守忠"石油鲁班"的称号也不胫而走。在2014年4月，在胜利油田公司改革和"四化"建设试点过程中，唐守忠也参与了孤岛油田孤北30断块同台丛式井组混输流程的方案设计，提出了利用高含水井单根大直径管线混输的方案，实施后既降低了成本支出，又解决了因新井含蜡造成的回压高的问题。经过长期的总结完善，他整理形成了"抽油机快速润滑保养法""水表快速取出法""法兰涨开器"等20多种绝活绝技和先进操作法，让一线工人的操作更加安全高效。不过，提及这些影响力极大的技术创新成果时，唐守忠却十分谦虚："没有办法的时候才是真难，可如果咱琢磨出路子了，这事儿就不难。石油工人有技术才能真的有力量，只有工人们有创新精神，才能让中国的石油产业持续发展。"

"问渠那得清如许，为有源头活水来。"事实上，只要人的心灵深处有了源源流淌的"活水"，便有了创业创造、建功建树的不竭"源泉"。对唐守忠而言，这口不竭的"创新成功之源"

就是对细节的专注和对日常生活经验的再发现。作为一名从胜利油田采油一线成长起来的中国石化集团公司采油工技能大师，唐守忠扎根一线已有34个年头。27本手写笔记、162件创新成果伴随他走过了悠悠岁月，记录了他从一名普通技术工人成长为"大工匠"的历程。在飞速变革的今天，他依然坚守在采油一线，辛勤地耕耘着，在实干中迈向美好的未来。如今，解决一线生产遇到的难题依旧是他所管理的创新团队中许多课题的核心目标，而以工作室成员为主体组建的"传技答疑、攻坚创效"高技能服务团队，正在发挥其特殊的影响和价值，为更多一线工人带去切身福利。

第三章　挑战不可能

危机中孕育新变：迎难而上勇创新

创新是引领发展的第一动力，也是中国步入新的历史阶段后促进产业持续发展、保持竞争力的根本途径。面对世界性的科技革命和产业革命的巨大转变，"中国制造"需要什么样的技能人才？如何实现绿色高效发展？面对这一系列问题，唐守忠有自己的见解。在他看来，世上无难事，只要肯创新，而创新的价值也在于挑战这"难事"，需要突破困难挑战不可能。唐守忠像是那些驻扎在盐碱地上的"磕头机"一样，正在用自己勤勉和严谨的工作态度不断吸收知识，创造奇迹。

如今，国际油价下跌对石油产业造成的冲击是巨大的。不过，在提及行业未来时唐守忠却似乎并未因此而丧失掉对中国石油未来的期望，反而认为这一情况对中国石油产业来说是挑战和机遇。在一次采访中，他这样对记者说："低油价给油田企业带来了不小的冲击，但创新驱动就是发展的生命线！"

唐守忠所言不虚，事实上在如今的全球市场中，让美国一跃成为石油生产国的正是科学技术，尤其是开采技术的提升。如今，仅北达科他州一个地区每天就能产油100万桶，在很大程度上就归功于美国的先进的开采技术，而这也让美国能成为与产油大国沙特和俄罗斯抗衡的石油大国。这一情况引起了唐守忠的注意，也引发了他的思考，让他开始着眼于开采技术这一前沿领域，尤其是专注于对稠油的开采和利用。

稠油，顾名思义是一种比较黏稠的石油。它黏度高，密度大，国外一般称之为重油。稠油和稀油的对比是十分明显的，一般情况下，稀油会像水一样流动，但稠油却很难流动，这是由其黏度高导致的，有的稠油黏度高达几百万毫帕·秒，像"黑泥"一样，甚至可以用铁锹铲，用手抓起。就开采技术而言，胶质、沥青质和长链石蜡造成原油在储层和井筒中的流动性变差，要求实施高投入的三次采油工艺方法，而高黏、高凝稠油的输送必须采用更大功率的泵送设备，而且为了达到合理的泵送排量，对输送系统还要进行加热处理或者对原油进行稀释处理。独特的性质使稠油在开采中极易引发井下事故，额外费用也会使采油成本大幅度上升。所以，稠油开发也一直是世界性的难题。然而，在能源紧缺的今天，稠油资源无疑是不可忽视的能源之一，中国的大部分稠油油藏是小断块稠油油藏，这类油藏属于低品位石油资源，原油物性差，开发、采油、地面集输与处理难度大，而如何更高效、更便捷地对稠油进行开采，也就成为中国石油人所面对的难题。为此，唐守忠也积极带领团队试图攻克这座坚固的稠油"堡垒"。

在工作室创新成果展示室里，有一台装置格外引人注意。这个装置外壳上播放的电子动画讲述了其原理与使用方式：在浩瀚的油海中，一台抽油机运转着，通过长长的井下管道，抽汲着黑色的能源。这就是稠油掺水井井下、地面双向提效装置，也是唐守忠科研创新过程中取得的一大成果。目前，国际上稠油开采的方法主要有掺活性水降黏、掺油降黏、火烧油层等方法，但和国外稠油油田相比，我国稠油埋藏深（集中在地下1000至1500米），又因为储集在疏松的砂岩层中，在开发过程中更容易出沙，所以综合开发成本较高。在实验中，唐守忠还发现传统油田低液稠油掺水井在传递过程中有热量损失，掺水效果不理想，稠油含蜡高，井内管杆泵易结垢，需要不定期进行井下热洗等问题。为此，唐守忠和工作室的成员们一起研发了一种全新的双向提效装置。这一装置既可以对单井掺水就地加热，提升掺水效果，同时还能利用油田峰谷电价自动调节掺水温度、自动进行井下循环热洗，清洁井底释放产能增加产量，实现井下、地面双向提效，也让稠油掺水井能够完成一井一策精细化管理。这一由创新工作室自行研发的装置在现场应用后，就创造经济效益一百多万元。这项成果的研发也及时填补了国内稠油开发技术的空白，一举获得2018年度全国能源化学地质系统技术创新成果一等奖。

危机中育新机，变局中开新局。面对工作和创新时的诸多困难和挑战，唐守忠总是很乐观，他认为问题的解决和经验的积累是分不开的。经验越多，解决问题的办法就越多，而在每一次或成功或失败的探索中，正是这份挑战不可能的勇气支持着他，并给予他迎难而上的信心。2019年，在山东省质量强省及品牌战略推进工作领导小组办公室发布的第七届山东省省长质量奖及提名奖获奖名单中，唐守忠成为首位获得"山东省省长质量奖及提名

⊙ 2022年5月,唐守忠(右三)在生产现场验证创新成果"电磁加热稠油输送降解技术"应用情况

奖"的基层职工。这份荣誉不仅是对他个人工作能力的肯定，更是一种鼓励。他立誓将继续立足岗位，认真对待每一件事，为胜利油田与孤岛采油厂的高质量发展贡献更大力量。

群策群力：创新路上的"团体赛"

在唐守忠看来，一枝独秀不是春，他在积极寻找问题、推动创新的过程中也希望以自己为代表，激发出更多工人的创新热情。这一点他的朋友燕楹三就深有感触，他也是稠油掺水井井下、地面双向提效装置的设计者之一。

秉持着为技术工人建平台、搭舞台的主旨，2008年，在油田"名师带高徒"活动中，唐守忠有幸成为全国劳动模范、集团公司技能大师代旭升的第一批徒弟。唐守忠从师傅身上学到了许多，其中之一便是通过群策群力的方式让更多人切实参与到创新实践活动中。2005年，代旭升大师牵头创办了工人技术创新协会和技术创新工作室，使一批困扰生产的难题得到解决。那时候跟在师傅身边学习的唐守忠，也发觉创新这件事并非是单打独斗的"个人战"，而是集体努力的"团体赛"。2016年，油田决定以唐守忠的名字命名创新工作室，唐守忠在备受鼓舞之余，也不断思索如何以群体的力量更好地实现创新。燕楹三便是他最初邀请加入创新工作室的主要成员之一。在燕楹三看来，唐守忠也是带领自己走上自主创新之路的领路人。

燕楹三是孤岛采油厂采油特级技师，自2009年石油大学毕业后，一直从事采油现场操作与管理工作，工作经验丰富。虽然两人年龄相近，但燕楹三进入工作岗位的时间较晚，初到油田的时候总觉得自己什么都不懂，什么都不会。从刚毕业到走上技能岗位的过程中，燕楹三认为唐守忠是对他帮助最大的人，不论在工作还是生活中，他都从这位亦师亦友的"好大哥"身上学到了很多。直到现在他都还能清晰地记得一次在设计油气计量分离器时，当时许多人都不太懂得这一装置的内部结构究竟是怎么样的，他本想等回去后找找书籍中的图示来学习学习，没想到唐守忠却直接当场同维修队协商，马上就做了一个现场切割，还进行了细致的讲解。

凭借着自身的努力和勤奋，燕楹三早早就成为采油特级技师，但那时他对于创新一直有一种陌生且畏惧的感觉，也不明白什么才算是真正的创新。后来，一件事改变了他的看法。还记得当时他们接到一个任务，苦思冥想了几天都找不到解决的思路，因此，燕楹三便在一次工作结束后劝唐守忠："这个东西真的是太难了，根本就不是我们能解决的，我看要不就算了吧，先放放怎么样？"听了他的话，唐守忠却有些生气似的，颇为不服地回答道："这条路走不通咱们就走别的路，办法总比困难多，肯定能有办法解决的！"燕楹三被这种执着和纯粹打动，而在经历一番漫长的试验后他们最终取得了成功，燕楹三也意识到创新的根源不仅在于对问题的发现，更在于这种对问题打破砂锅"干"到底的精神。在后来的日子里，他也逐渐成长为唐守忠这样的创新型人才，参与了诸如抽油机平衡重锁器、高空作业平台绝缘连接器等专利项目的发明和落地。

2015年，为大力推进技能人才创新工作室组织建设，拓展技能人才活动范围，孤岛采油厂操作技能管理站院内扩充投建了"唐守忠创新工作室"。工作室由160多名特级技师、技师与青工技术能手组成，拥有中石化集团公司技能大师、齐鲁首席技师、油田技能大师、采油厂首席技师等核心成员15人，分别设立了疑难问题处理、创新攻关与技术培训小组，有计划地定期开展活动。看到自己的名字被挂在那栋办公楼时，唐守忠既有一种梦想成真的感觉，又同时感受到了自己肩上的责任重大。因此，在工作室第一次正式会议上，他就要求工作室必须紧贴生产需要，服务基层一线，以创新推动服务升级，用创造提升发展质量，争取做到年年都有新发展，年年都有新成就。秉持着"精益求精，匠心筑梦"的理念，唐守忠更将守望油井、忠诚岗位的初心使命铭刻在自己的一言一行中。

唐守忠的创新之路从来都不是一帆风顺的。当年他试试能否解决稠油采油问题时，很多人都劝他不要痴心妄想。这虽然不曾打击他砥砺创新的决心，却让他更希望能打造一个互相鼓励支持的创新团队。因此，来到成立工作室后，比起层级分明的一言堂，他更希望建立一种让所有人都能畅所欲言的机制。唐守忠回忆，那是一个细雨蒙蒙的下午，采油厂高技能攻坚团队在管理区负责人的带领下来到了孤岛采油厂采油管理十区，负责人说明目

⊙ 2021年10月，唐守忠（一排左四）与创新工作室团队成员合影

前生产过程中遇到的KXK119井口漏油问题："这口井属于三合村油田，属于特稠油区块，原油黏度超过了五万毫帕·秒，正常生产的时候，井口回压都在4兆帕以上，采用空心杆电加热方式开采。"说到这里，负责人无奈地叹了一口气，又对唐守忠说："但是这个光杆密封器密封效果太差了，时不时就会渗漏，得频繁地更换密封盘根，现在基本每天都派车派人进行清理，但是来回的路程又特别远，员工们都非常头疼。"

回到工作室后，团队成员们马上展开了激烈的讨论，不知不觉已经到了晚上，却没有讨论出一个合适的解决思路，但也没有一个人想要离开。大家提出了一个又一个可能的解决方案和措施："根据现场情况来看，主要还是因为原油黏度太高，回压增大导致。""那能不能采取降回压的措施？""我认为，一般的措施已经不能解决这个问题，还是需要设计一种辅助密封装置，你们看，这样行不行……"随着成员们激烈的讨论，一个又一个方案被提出并一次一次地论证推演……在激烈碰撞中无数有趣的创意被激发出来，终于，一个大胆的方案得到了多数人的认可：在原盘根盒基础上附加一种光杆润滑密封装置，通过定期加注润滑油，解决密封不严和盘根磨损严重的问题。不过，让唐守忠更觉得欣慰的是创新团队的成员们大胆发言、积极寻求不同方法解决问题的氛围。最终，KXK119井辅助装置获得了成功，一经安装再未出现漏油现象，得到了园区负责人和员工们的高度赞扬。

团结紧张，严肃活泼。如今在去拜访唐守忠时如果有幸看到工作室的团队成员们献计献策、聚合创新的讨论会，便会发现这个会议的气氛依旧是热闹非常的，大家常常因为一个创新点各抒己见，在交流中碰撞出激烈的思维火花，促进了团队成员们创意的提出。与此同时，这样的会议在唐守忠的工作室中召开的频率也非常高，每月最少一次，多的时候甚至三到五次。

近年来，创新联盟先后攻克生产难题200余项，取得国家发明专利4项、实用新型专利56项，创新成果117项。在催生创新成果的同时，创新联盟也带动培养了一批新的技能人才，先后有72人获得技师、特级技师任职资格，成为创新联盟中不可忽视的一群高新技术人才。而通过人才联盟、专业联盟、团队联盟，全厂的创新资源得到了有效共享，极大地提高了成果转化率，营造出了"众人拾柴火焰高"的创新场景。不断研讨、启发，不断落实，形成的革新成果，不断在生产一线落实落地，唐守忠和其创新工作室在孤岛油田构建起了"头雁领航，群雁高飞"的新局面，已经成为胜利油田最具影响力的团队组织之一。

⊙ 位于唐守忠创新工作室二楼的理论研讨室

孤岛不"孤"：将加法变为乘法

"传承工匠精神——技能成就梦想"是唐守忠在人民大会堂演讲的题目，在某种程度上，这也是他人生的写照：工作30多年来，唐守忠先后成功研制了354项技术成果，152项创新成果被推广使用，拥有46项国家实用新型专利，2项国家发明专利，6项国家级奖励，技术推广应用累创经济效益7000多万元，共发表技术论文62篇。从一名普通的基层一线产业工人到特级技师，他似乎总可以看到问题，也总能提出问题，这种问题意识让唐守忠发现了日常工作中无数可以创新的地方，除此之外，也让他注意到了一些别的东西。

在唐守忠看来，每一口油井都是不同的，它们不仅有自己的年纪，更有着因为时间而形成的各种各样的问题，因此，他的工作性质也同医生类似。如果说医生是以细节为切入点对病人望闻问切，那么他则从生产中费时费力的、存在安全隐患的步骤入手，像是一位"油井大夫"般精心照料每一口油井。制约生产的关键问题在哪只有一线工人最了解，也最有发言权。在多年的一线走访调研中，唐守忠发现孤岛采油厂许多职工的创新意愿其实是非常强烈的。但是，为什么这些普通员工的意见和创新需求没有得到应有的重视呢？一次，唐守忠和一位一线工人聊起了这件事，那个时候他正巧在走访，听到了许多非常有意思的想法和创意，欣慰地感慨道："如果这个想法能够顺利研发落地，是可以造福很多人的！"可没想到一听到唐守忠这样说，本来正兴奋地表达自己想法的工人却像是被按下了暂停键一样，支支吾吾再也说不出一句话了。旁边的工友看不过去，就壮着胆子替他回答："唐工啊，我们这些一线工人的话是没人听的，创新这种事情还是得你们这样的大人物搞，我们能提个点子、想个花招就足够了。"

这话或许只是一句调侃，可也让唐守忠突然意识到原来许多人并非不具备创新的能力，而是一直局限于传统思维，认为创新就是少数"精英"的事，久而久之，就变得不敢创新、不会创新了。与此同时，由于生产工作环境的局限和信息沟通不畅等因素影响，许多人的创新概念和创新成果之间也或多或少地存在交叉重复设计、适用范围重叠等问题，这些都在一定程度上造成了人力、物力和财力的浪费。为了从根源上解决这两个问题，唐守忠向工会建议通过专业的平台来推进更多创新技术的提出和项目的落地，这一想法也随之得到了领导们的大力支持。于是，在经过不断的基层调研、政策研究等工作后，"创新工友·孤岛论坛"应运而生。

最初时，不少人也对这一论坛的创建抱有质疑的态度，觉得这无非就是一种形式主义。为了真正把台子搭起来，唐守忠决定以创新工作室为领航，他作为"总调度长"整合信息，促成不同创新小组之间的协作共进。这种把加法变为乘法的做法赢得了大家的信任。与此同时，当工人们看到一个个创意项目转变为现实并切实改变了一线工作和生活后，全厂一线岗位职工的参与率也不断攀升，现在已经高达73%。由唐守忠带领的"创新工作室联盟"，也真正改变了过去创新工作中存在的信息不对称、重复创新、技术力量分散难以创新、专业优势不共享、低水平创新的问题，为职工技术创新搭建服务平台，实现了从单打独斗向联合创新的转变。

如今，每年春天采油厂都会举办"创新工友·孤岛论坛"，并由专家当面锣、对面鼓地进行论证、评议，选出最佳创新创意金点子；同时，工会和行政部门还共同出资100万元设立"创新论坛基金"，对评出的最佳创新创意金点子给予研发资金扶持，把创意变成职工的创新项目，进一步激发了广大职工的创新热情。创新论坛的建立降低了门槛，让许多普通职工也能找到创新的门路，而由唐守忠创新工作室牵头的"孤岛工友创新成果试验转化基地"的建立，则进一步促成了创新想法转变为成品，使基地成为想法转化和落地的有效推动力。

"人过不停步、鸟过不搭巢、荒草成片、蚊虻成群"是油田员工们对早年孤岛生活的印象，经过十几年的发展，以油田为中心，孤岛镇已经成为一座现代化城镇，交通发达，生活便利。孤岛的发展离不开每个人的参与和努力，从茫茫荒野变为今日的绿水悠悠，唐守忠既感受着这些日新月异的变化带来的便捷，也越来越明白孤岛并非"孤独"的，而是一片由人们的切实行动创造

⊙ 孤岛采油厂照片

出的"良田"。在短短的几年中，唐守忠这个孤岛油田上创新的领航者和舵手充分利用平台优势，不仅调动了普通一线工人们的创新热情，更让团队成为重要支点，使得每个人都能淋漓尽致地发挥作用。

集体的智慧和团队的力量是无穷的，通过团队成员间的精准协作，唐守忠不仅带领自己的创新团队爬坡过坎，更让许许多多有着创新意愿的员工切实参与到了技术革新中。他始终忘不了自己的创意由提出到落地开花的兴奋，也想将这种喜悦传递出去，让更多人能见证一个创意从提出到实践的全过程，而这种打破封闭、群策群力的创想所形成联合众人的创新之网，更经由论坛和评选搭建起的体系达到了事半功倍的效果，体现出了将加法变为乘法的力量。

第四章　两种胜利

师徒：油田事业需薪火相传

中国石油产业如今取得的巨大成就，是和无数石油人的努力与奋斗分不开的，一代代人薪火相传，共同铸就了中国石油事业辉煌的今天。而在这一过程中，对技能人才的培养尤其重要。在进入新世纪后，油田对技术创新与人才培养的重视让许多员工从中受益，唐守忠正是其中的一员。一路走来，他对油田水土养育的感恩之情是说不完的，从稚嫩走向成熟，从站在师傅的背后递工具、记笔记到站在徒弟的身前细心讲解、合力攻关，张鸿亭、代旭升、许振超等大师们不仅教会了他如何处理工作中遇到的问题，更在日积月累的相处中使他明白了如何当好一名老师。

从经历上来说，唐守忠认为代旭升大师和自己是有些相像的。1972年，代旭升放弃升学成为一名石油工人，最初，他也曾陷入过一段短暂的迷茫和痛苦时期。20世纪70年代，胜利油田的许多区域仍在初步建设中，在代旭升的回忆里，方圆十几里的区域甚至连一棵树都没有，只有30多口油井分布其间，而那时他们住的"干打垒"阴暗潮湿不说，一到了下雨天，雨水就从屋顶漏下，可以说是只要屋外下大雨，屋内就会下小雨。一次夜里，他就被这样的"小雨"惊醒，不得不抱着湿了一角的被子和工友们挤在一张床上睡觉。许多类似的夜晚，都是好几个人挤在一张床上迷迷糊糊地熬到天亮……那时候，是指导员帮助代旭升走出了迷茫和低谷，指导员不仅鼓励他靠努力来创造环境，更是利用晚上政治学习时间，给代旭升讲大庆会战和石油人的精神，这些都深深地印刻在了代旭升的记忆里，成为他一生宝贵的精神财富。因此，当面对自己这批"外地"徒弟们时，他也毫不吝啬地将自己的经验教训一一传授给了他们。在师傅身上，唐守忠学到了很多，每次提及代大师时，他也都不禁流露出感激和敬佩之情。代旭升要求唐守忠在技术上要锐意创新，在做人上则要先学做人后学做事。唐守忠也时常同师傅交流学习过程中的心得体会。日积月累，那些教导如春风化雨，点点滴滴融入了他日后的工作和生活中。

油是靠人采的，环境是靠人来创造的。相似的经历让唐守忠从师傅的身上看到了自己未来无限的可能。代大师在严格要求之余，也十分关注徒弟遇到的各种问题，因此，师徒两人的关系一直都非常亲近。唐守忠愿意同师傅探讨如何更好地创新创效，师傅也会为他的许多想法助力。例如，2015年油田决定以唐守忠的名字命名一个创新工作室时，他在备受鼓舞之余，他也及时和师傅联系想要听取师傅的一些建议。那时候他没有想到，代旭升大师不仅多次通过电话同自己联系，甚至在筹建的过程中还专程来到孤岛询问他创新工作室建设的进程。最初，工作室的设计中对于技能训练场地的规划是相对较小的，师傅来后便指出了这个问题："这个地方太小，不好操作。"当时，师傅指着那一片被规划出来的地方说："提出创意是一方面，更重要的是要为创意的实践预留出充足的空间，而且还要注重消除安全隐患，这个是关键，你一定要放在心上。"唐守忠将这件事记在心上，并积极地协调改建，最终使工作室不仅有"五室四场一基地"（创新成果展示室、创新理论研讨室、自动化培训试验室、计算机网络培训室、职工技术培训室；采油、注聚、集输注水、采气工技能训练场地；技能创新成果转化实验基地）等系统的技能训练设备与场地，而且配备有计算机、投影仪、3D打印机等器材，成为孤岛油田技术交流、技术咨询、联合攻关、成果创新、新工艺新技术推广应用、答疑解惑及技能培训的一个核心区域。除此之外，三口实验用小型油井也被稳妥地放置在了技能训练场，在讨论室的思维碰撞之后，这里也让许多设想和概念走出向实际运用转化的第一步。作为胜利油田唯一集采油、集输注水、三次采油、综合维修四个专业于一身的多功能创新工作室，代旭升大师持续关注并参与了工作室从选址到设备规划以及徒弟们从学艺到走上领奖台的全过程。老师对学生的关注不仅是一种关怀，更蕴含着希望，也是在这样的氛围中，唐守忠逐渐走得更远，视野更加开阔。

在2017年出席全国五一劳动奖表彰大会领取奖章后，唐守忠也在人民大会堂金色大厅和自己的人生偶像——全国劳模许振超相遇了。一直以来，他将许振超视为自己的人生楷模，因此，他急忙上前想要和许振超大师合影，还恳请拜师学艺。其实，许振超也早就听说过唐守忠这个名字了，可却没想到这位新时期石油工人中的技术能手和创新能手的代表居然能够几十年如一日不骄

⊙ 唐守忠创新工作室技能训练场地

不躁，不但没有因为自己的成就而自满，而且还想要继续学习更多的知识。许振超望着他求知若渴的目光，当即微笑着答应下来，并约定把拜师仪式安排在当天晚上，地点就是许振超所住的全国人大会议中心。

唐守忠记得当晚八点半，为了体现自己的诚意和尊敬，他特意身着正装、胸佩奖章前去拜师。在拜师仪式上，他向许振超汇报个人成长历程以及近年来取得的成果，等到双方签署师徒协议书时，他再也抑制不住内心的激动，眼眶微微湿润。看着唐守忠激动的样子，许振超也感慨颇多，他将平时带在身上的一本工作日志赠给了唐守忠，鼓励唐守忠要不忘初心，砥砺前行，扎根一线，努力争做新时期产业工人的标杆和旗帜。

从实习时期的师傅张鸿亭，到进一步和代旭升大师、许振超大师结缘，唐守忠觉得自己是幸运的，而他也将自己的这份幸运延续了下去，把那些站在巨人肩膀上得到的知识无私地传给了后来者。自古云名师出高徒，而在自己成为"高徒"后，唐守忠也成为一位优秀的老师。

弘扬工匠精神离不开发挥技术工人队伍的作用，而也只有使创新才智充分涌动，才能凝聚起强大的创新动能，为实现经济社会高质量发展注入不竭的动力。随着老一辈石油人逐渐退出历史的舞台，唐守忠也发觉自己有义务将专业技术人才培养的担子接过来，但是，不论是技能还是工匠精神的培养都绝非一朝一夕之功，而是一项多方参与、综合发力的社会工程。为此，唐守忠不辞辛苦，作为孤岛采油厂首批兼职培训教师承担起了建立全厂采油工程第一培训基地的重任。白天，他除了组织生产之外，还要见缝插针地边自学边制作培训课件。提到这段经历，时任该队指导员的杨玉水也无比感慨："建这个培训基地，工作量实在太大，我都不知道老唐是从哪里挤出来这么多时间。"

没有时间确实也是唐守忠最大的感受，用他自己的话说就是"恨不得把时间也像一分钱那样掰成两半花！"还记得那时候培训基地的许多教学工具都不齐全，为了解决这个问题，唐守忠一边积极向上级汇报申请购买教学用具，一边开始着手自制教学工具。整整两个月的时间，他每天早上4点就会到队，为各种培训工具除锈、打磨、刷漆，而这些工具正是他平时挤时间回收、改造的废旧物资。最终，在培训基地正式投入使用时，基地里各种工具有200多件，标准化课件84套，可完成118个培训项目。在当时那种培训场所比较匮乏的条件下，这里就是全厂的"技能人才生产线"。

不过，作为唐守忠的徒弟，方宝刚常讲的却是他们尚未结为师徒时的故事。那时他从保卫处转岗到采油一线，从新闻工作者到采油工，工作性质和内容发生了巨大的改变，让他一度不知所措。而就在宝刚陷入迷茫和焦虑时，唐守忠注意到了他，在一次训练后和他促膝长谈。唐守忠注意到，方宝刚有些像年轻时的自己，这个小伙子即便对未来有着诸多不确定，却仍然没有落下训练，是个努力、刻苦的年轻人。于是，唐守忠鼓励方宝刚不要急于求成，建议他先去补好"基本功"这一课，并为他规划了"转岗先转观念，强技术先强技能"的成长路线，明确了阶段目标和

⊙ 2020年3月，唐守忠（左）在创新工作室分发创新工具

前行方向。让方宝刚心生敬意的不仅是唐守忠清晰的工作思路，更是他为人处世的生活理念。唐守忠待人真诚无私，希望所有人都能够把优势发挥出来，并彼此协助为共同的事业做出贡献。也是在这种氛围的鼓舞下，方宝刚主动提出向唐守忠拜师学艺，并迅速完成了身份转变，练就了一身好技术。他在2018年获得孤岛采油厂技能竞赛银奖的两年后，又在油田职业技能竞赛中获得了采油工项目个人竞赛金奖第一名的好成绩，被评为胜利油田技术能手、山东省技术能手，荣立胜利油田二等功。

此后，以创新工作室为阵地，唐守忠用"传帮带""导师带徒"的方式，丹心育才，不断鼓励着技术工作者们勇攀高峰，薪火相传，更总结出"自主化培训模式"和"阶梯式教学法"，为员工量身定制科学合理的培训计划，使培训质量得以不断提升。对唐守忠而言，好木匠手里没有废木料，每一个徒弟是什么性格，需要改进的是哪方面，需要发扬的是哪方面，他都能如数家珍，并不断地激励、推动着徒弟们在日常工作和生活中寻找创新点，而在传授技术之余，唐守忠也以自己为榜样，鼓励徒弟们不仅要做到精于技术，而且要勇于创新。唐守忠的徒弟，胜利油田采油工技能大师、鲁胜公司的张延辉，在单位的高原皮带机井上调整完平衡后，满手油污满头大汗地回到驻地。虽然那时他已经是一位能独当一面的采油技能工人，却一直同唐守忠保持着联系。在他看来，唐守忠与自己不仅在技术传承上有师徒之谊，在生活中两人也情同父子，因此张延辉有什么难解决的问题时也总会想着同师傅沟通沟通。

⊙ 2020年9月，唐守忠（右四）带领徒弟参加胜利油田第二十一届职业技
　能竞赛

其实，张延辉也曾担心自己这个行为会不会叨扰唐守忠，然而当他表达了这个想法后，唐守忠却拿出自己当年深夜前去找技术员探讨的事情作为例子，鼓励他也保持这种"今日之问，今日解决"的势头。在发现高原皮带机的平衡容易出现问题后，张延辉便联系了师傅，请教有没有什么对其加以改进并降低员工操作强度的好方法。

放下电话，唐守忠陷入了沉思。最初他本想将这个问题作为工作室的一个课题进行研究，然而当张延辉提及已经同几个师兄弟想了一些法子后，唐守忠突然想到这样合力攻关不正是锻炼徒弟、建立创新联盟的好机会吗？

有了这个想法，他便立即行动起来，第二天就约来张延辉并组织工作室有关成员进行讨论交流。查资料、出主意、想办法，设计出了好几种方案，但大家总感觉还是不够理想。在一次总结经验的时候，师徒二人的眼睛同时盯上了手动地板磁盘取出器。灵感来了——借鉴并利用磁盘取出器原理。他们采用电磁方式，制作一个平衡块吸附装置，操作人员应用该装置无须再将身体探入立架内，且手也不与平衡块接触。其间，大家又对采用哪种电磁方式进行了优选，一种是通电有磁，价格便宜，体积小；另一种是不通电有磁，价格高，体积稍大。在大家争执不下时，唐守忠提出了安全性的问题，不通电有磁比较安全，原因是不通电有磁吸附平衡块较通电有磁可靠性高，通电有磁一旦电池电量不足，平衡块掉落易伤人。最终大家在不通电有磁方案下，进行了装置的升级改进设计，一种新型的"自吸式高原皮带机平衡块取

⊙ 2014年4月，唐守忠在生产现场展示"快速挂闸板"绝活

加装置"应用到了油田生产现场。

唐守忠从不将自身的进步看作是值得骄傲和自豪的事，而是将自己融入了石油人这个大集体、大家庭中，他为了让更多员工有技术、会革新而不懈努力着，从不计较对方是否属于自己的团队，是否是自己的徒弟。比如有一年夏天，因为一个创新项目，唐守忠去工作室加班。突然，在练兵场上一个忙碌的身影吸引了他的注意力。走过去一看，原来是一名员工正在练习更换闸板阀密封填料项目。计量间闸板阀丝杠密封填料在使用一段时间后，由于磨损严重，经常出现渗漏现象，需要及时进行更换。最初油田使用的丝杠密封材料为软金属，由于软金属价格比较高，为了节省成本，工人们一般用麻绳替代，但是麻绳的耐磨性却很差，因此需要定期进行更换。这位员工利用业余时间练习，希望能够提高更换速度，在采油厂举办的"绝招绝活"比赛中取得好成绩。天色已晚，唐守忠注意到对方有一处操作不规范，手里的资料还没来得及放下他就走过去帮对方纠正。等到他们的练习结束后，这位员工也忍不住向唐守忠抱怨，说："唐师傅，你说当时发明这个东西的人是怎么想到用麻绳当作密封材料的啊？这东西不仅不耐用还总搞得机闸板阀密封不牢，真是白白给咱们增加工作量！"

"你说得很有道理，"唐守忠若有所思，也意识到为什么一直以来他们都默认这个装置中只能添加麻绳，"我想说不定这是因为在那个时候，麻绳是他们能找到的最好的材料了，但是我们现在有了更多的选择，其他材质的东西说不定也行。"

　　在同这个员工的交流中，唐守忠进一步表达了自己的想法，也主动邀请对方一起加入实验，看看耐油、耐腐蚀的橡胶绳是否可以代替麻绳。两个人越说越兴奋，决定说干就干，马上就一起来到了工作室探讨盘根盒的型号、设计草图、修改完善……在一个不眠之夜后，一种密封效果好，使用寿命长，更换方便、省时的新型密封填料诞生了，而这位员工也因此在当年采油厂举办的"绝招绝活"竞赛中摘得桂冠。

　　岁月见证初心，工匠皆有爱众惠民之心，这几乎是一个定律，随着油田以新思想引领新发展、以新理念指导新实践，唐守忠也开始探索人才培养的更多可能，他先后为4200名员工进行了采油技能培训，其中涌现出数百名身手过硬的技术能手。《油田技术创新成果与应用范例》是唐守忠主编的职工技能创新培训教材，以解决油田生产过程中实际存在的生产疑难问题为主线，共分为采油、集输、注水、注汽、注聚、质量检测、井下作业、生产保障及创新感悟分享九个部分。其内容除汇集了油田注采输、地面流程设备、井下工具、机采一体化管理成果外，还介绍了创新理论、创新方法及创新技术研究等。这本书不着意追求形式上的完整，而是注重创新理论与实践的有机结合，对基础设备设施的创新认知到具体成果操作规范都进行了翔实的整理与汇编，对创新成果原理、结构组成及现场应用情况给予全方位介绍。这本书注重创新成果的先进性、前瞻性和针对胜利油田特点的实用性，录入了创新成果在胜利油田生产现场推广应用的一些成功经验，突出了数字化采油的新趋势与特色创新技术，具有很强的实用性、可操作性和推广应用价值。它是推进技能操作人员创新创效的教科书，是提升技能操作人员创新创效的实操指南。目前已经由中国工人出版社出版。而在他所签约的徒弟中，如今已有62人晋级技师、特级技师，有36人在中石化、油田职业技能竞赛中获奖。当好年轻人前进的"铺路石"，让更多员工有技术、会革新，就是唐守忠破解难中之难的根本动力和最大的价值所在。

丈夫与父亲：家庭是坚强后盾

唐守忠始终认为自己在革新道路上走过的每一步除了离不开师傅们的关怀和徒弟们的信任外，还离不开家人的鼓励和温情。这些也是他的坚强的后盾，推动着他迈着更坚实的步子攀登高峰。

很多见过唐守忠的人说，他是个有些不爱说话、有些含蓄的人，除了工作上的事之外不怎么会和人聊天，对女孩更是如此。不过，他对王莉却是例外，表现得很主动。那时他们都是石油工人，最初也是在训练场上认识的，朋友们看出了唐守忠对这个漂亮的女孩似乎有倾慕之心，发现自己这位腼腆的朋友对王莉总是多加照顾。不过，唐守忠直言自己不是一个懂浪漫的人，所以表达喜欢的方式也不见得有多高明。也许是被唐守忠的执着和诚恳打动了，王莉慢慢喜欢上了这个有上进心、好学的男人，并决定和他结婚。

唐守忠很忙，这份忙碌让他常年不是驻扎在井场就是在训练场，几乎无暇照顾家中的生活。2000年，唐守忠突然接到了任务需要外出培训，可是那时候王莉才刚刚分娩完。在他不知如何选择时，妻子看出了唐守忠的为难，让他放心去参加培训，因为这次的机会非常宝贵，而她在医院里既有医生和护士们的照顾，也有父母陪在身边。可没想到在这期间，唐守忠未满月的儿子腹泻不止，而多年辛劳的父亲也不幸查出了喉癌。培训一结束，唐守忠甚至顾不上去看一眼还在医院的儿子，就立即陪同父亲赶赴外地四处求医，积极治疗。

除了工作，唐守忠几乎什么都顾不上，家中的日常用品，全都是王莉买的，唐守忠的新衣服，在婚后也几乎全由王莉代为选择。说起妻子，唐守忠的心里有甜也有酸。作为采油厂首席技师，平时唐守忠不是在训练场就是在技术革新工作室，照顾家庭和双方老人的重担都落在妻子柔弱的肩膀上。担任采油厂员工培训总教练后，唐守忠比以前更加忙碌，尤其是集训期间，几乎天天和学员、选手们一起吃住在训练基地，连续几个星期不回家是常事，只能偶尔打个电话。唐守忠记得，那时候每次抽空打电话给家里时，妻子都说："家里没事，一切有我，你安心带好选手，多拿几个大奖回来！"短短几句话，却让他心里暖暖的。

和唐守忠一样，王莉也是个不服输的人。"无论做什么事情，不做则已，做就要尽力做到最好。"这是夫妻二人共同的座右铭，除了在生活中互爱互学，夫妻二人在事业上也共同钻研进步。王莉不仅在技能竞赛中多次获奖，而且还成为采油特级技师，成了唐守忠技能革新的搭档，其中，取装衬套专用工具的发明就是他们协力的成果。

一次，下班回家后王莉同丈夫交流工作心得，她认为抽油机在调冲程时取装曲柄销子衬套不但劳动强度大，而且存在安全隐患。胜利油田在用的游梁式抽油机有一万余台，是原油生产的主要设备，其中，曲柄销子则是抽油机的关键连接点，也是薄弱点，一旦发生脱裂，极有可能导致抽油机翻机变形。过去由于缺乏统一适用装置，工人们每次拆卸曲柄销子都需要用大锤轮番敲打数百下才行，不仅需要的人手多，费时费力，而且工人们往往需要爬至一定的高度来进行作业，存在极大的安全隐患。并且这一取装方式也经常面临着销子取不出来的现象，或是伤害丝扣造成报废的情况，这都会导致停井时间过长，影响原油产量。王莉看到后，十分担心地说："要人站在那么高的地方，还要用锤子敲销子，可真是让人害怕，我觉得咱们可以试试看有没有法子能够解决这个问题。"

王莉的话让唐守忠有些吃惊，他没想到妻子也和自己一样注意到了这个问题，于是他们便决定合力攻关。那时候胜利油田对此已经有了一些改进成果，唐守忠和妻子一起收集了胜利油田各单位的9项同类成果并依次在现场试验，记录下了每一项的优缺点，再反复琢磨哪些要保留，哪里需要改进。而在一次试验中，研制一种"取装衬套专用工具"的想法跳进了唐守忠的脑海。夫妻俩的想法不谋而合，立即着手钻研。仅仅两个月，一个利用螺

⊙ 2010年2月，唐守忠与妻子一起学习专业知识

纹上扣原理设计的衬套专用取装工具就研制成功了。这一工具投入使用后大幅度降低了员工的劳动强度，调参作业由3人减为2人，耗时缩短了半小时。花费半年多的时间，先后经过9次大的改进，数百次小的修正，一种新型的"卸游梁式抽油机曲柄销子专用工具"终于在工作室中诞生，并且在120多台814型抽油机上试用都获得了成功。在最后一次试验中，4个小伙子先是用传统方法，轮番用大锤锤击上千下才将销子从曲柄孔中砸出。而换用新工具，一人操作仅用滑锤锤击50余下便将销子顺利取出，在场的员工们都情不自禁地鼓起掌来。夫妻俩据此撰写的成果《缩短游梁式抽油机井调整冲程耗时》获得油田技能创新成果特别奖，并在全油田推广应用，年创经济效益113万元。

在这个过程中，王莉发觉，虽然唐守忠"石油鲁班"的名号已经得到了很多人的肯定，但是不论是清楚地记得所有油井的皮带型号、电机，还是能对一些日常生活中常见的现象给予新的解决办法，这都绝非仅仅依靠天赋或是兴趣就能达到的成就，而是无数次枯燥的重复和脚踏实地的努力积累出的结果。这既让她觉得无比敬佩，也让她决定在技术和知识领域继续研究和探索，勤勤恳恳、脚踏实地地工作，成为攀登高峰的人。

不过，比起妻子，儿子唐辰东对爸爸的抱怨似乎更多。儿子容易生病唐守忠是知道的，从出生到上学，儿子一直都是医院的常客，即使轻微的感冒也会引起他的扁桃体发炎，住院更是家常便饭。然而，在儿子生病的时候，唐守忠却很少能及时赶到现场，每次都只能由妻子王莉陪同。甚至在2015年儿子中考时，正

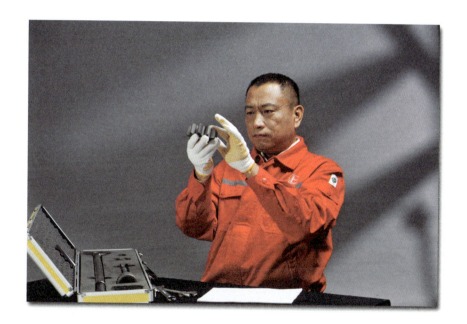

⊙ 2018年11月，唐守忠在实验场地检验卸游梁式抽油机曲柄销子专用工
  具效果

在忙于成果集成优化的唐守忠也没有赶到考场……对于孩子成长中的缺席，唐守忠一直觉得非常抱歉，但是不善言辞的他却也很难坦诚地说出自己的想法。记得一次自己深夜回家，儿子已经熟睡，而他注意到有一个作文本摊开放在儿子的书桌上。大概是因为儿子继承了夫妻二人的学习天赋并且得到了妻子尽心尽力的照顾辅导，唐辰东的成绩一直很好。出于好奇，唐守忠拿起了作文本想要看看儿子写了些什么，希望以此来了解孩子的想法，可等到他看到儿子写的作文时，却觉得有些愧疚——作文的题目是《我的爸爸》："爸爸是我所知道最没有时间的人，每天晚上我睡着了他都没回来，早上一睁眼他却早已经出门了。有的同学问我是不是没有爸爸，因为学校开家长会、组织出去玩，从来都看不到他。爸爸，我想让大家知道我也有一个爱我的爸爸，多希望你能分出一点点时间陪陪我！"

好在，父母之爱不仅仅在于关爱的话语，更在于日常生活中的言传身教。而在对爸爸和妈妈的日常工作和生活的观察和学习中，唐辰东也逐渐明白了该如何做事、如何做人。他们的家庭开出了璀璨夺目的创新之花，先后被评为油田文明家庭、油田十佳文明家庭、山东省友爱好邻居。

父亲沉默寡言，儿子也不擅长表达自己，但是在王莉看来，儿子唐辰东对父亲是尊敬和关心的。在后来一次再写到父亲时，唐辰东并没有因为父亲的成就而减少自己的"不满"，但是比起"不满"，他更期待自己能够在未来成为父亲和母亲有力的依靠，并延续父亲的精神。如今，儿子唐辰东已经长得比夫妻俩都

⊙ 2010年2月，唐守忠和家人在一起

高了，唐守忠去北京领奖的几天里，王莉和儿子也都非常紧张，却一直没敢打扰他。而当王莉为唐守忠纠正普通话的发音时，儿子也会不时从房间里出来加入指导爸爸发音和停顿的队伍中来。北京颁奖典礼结束后，唐守忠带着一枚奖章和一条绶带回到了家，第二天上午，儿子偷偷戴着绶带很骄傲地照镜子。王莉说，她很后悔没能将这一幕拍下来。

第五章　成就与展望

不忘初心：坚守一线勇担当

关注细节、关心一线始终是唐守忠不变的初心。不论得到多少荣誉，赢得多少掌声，唐守忠在内心最深处都将自己视为一名普通的孤岛采油厂一线采油工。"事者，生于虑，成于务，失于傲。"在已经取得的重大成就和伟大胜利前，唐守忠始终不忘初心，继续前进，从行业产业的需求出发，为石油开采领域提质增效做出了自己的贡献，更为实现中华民族的伟大复兴贡献了自己的力量。

工人有技术才有力量，只有创新才能持续发展。在成立创新实验工作室后，唐守忠更加关注重采油一线存在的实际问题。他长期坚持每月深入一线班组、生产现场，掌握生产、设备运行状况，解决现场实际问题。这种"点对点服务"也切实将实用技术送到油区井场，送到广大员工身边。其中，最为显著的便是他对抽油机毛辫子和光杆受力问题提出改进方案。

抽油机毛辫子学名为"悬绳器钢丝绳"，它们连接着游梁式抽油机上的光杆和驴头，可以通过悬绳器和方卡子的固定带动光杆做上下往复抽油工作。但由于抽油设备多在野外运转，毛辫子容易受到腐蚀、磨损，这会使其在运转中造成断股现象，如果不及时发现极易造成停井，也容易造成光杆拉弯或者断裂掉入井中等设备事故。为了解决这一问题，2010年时，唐守忠就联合郑建辉、王建来等人一同讨论实验，并最终开发设计出一种全新的抽油机毛辫子断股停机保护器，让抽油机能在毛辫子断股后及时停机，极大程度上避免了原油损失和环境污染。然而，唐守忠对这一成果并不觉得满意，他想着是否还存在能够继续改进的地方，并将目光聚焦于对光杆的改进上。抽油井光杆在使用过程中，在方卡子位置或悬绳器附近会出现一个最大受力点，光杆可能在这个位置断裂。特别是抽油机基础不统一，毛辫子长短不一，也会造成悬绳器、测试铁边缘摩擦光杆，在光杆上摩擦出沟槽，降低光杆强度，造成光杆断裂。光杆断裂会引发井喷事故，严重污染环境，致使油井停产。为了解决这个问题，唐守忠经过仔细研究，提出了"通过改变光杆上部受力点，延长光杆使用寿命"的建议。根据油井负荷与抽油机的工作状况，定期卸掉负荷检查光杆的使用情况，若光杆与悬绳器、测试铁位置出现摩擦痕迹，可上提悬绳器，测试铁高度的防冲距，若它们之间没有摩擦痕迹，可根据情况上提或下放10至20厘米的防冲距，将光杆受力点改变，有效地延长光杆的使用寿命。这个方法自2012年起在孤三区应用后效果明显，未再出现光杆在承载点断裂的现象，每年可节约光杆打捞维护作业与环境污染治理补偿费用200万元。

这些年，唐守忠不时就会去一趟北京，他对逛景点没有太大的兴趣，他感兴趣的是每年在北京举办的石油装备展。中国国际石油石化技术装备展览会（简称CIPPE），是国际石油石化行业例会，如今已成为一年一度的世界石油天然气大会，吸引着无数国内外厂商前往交易、观摩以及学习。展会经常会展出一些先进的设备和装置。唐守忠曾经跟着师傅去，后来带了徒弟，他就经常带着徒弟们一起去。每次技术攻关感觉到了穷途末路的时候，唐守忠都喜欢带着问题去北京石油装备展上转转，和世界各地的人们探讨探讨，看得入迷时甚至叫都叫不走。他对于新技术、新装备的渴望是众人皆知的，但是他们不知道的是，唐守忠的执着其实源自一个很小的细节：30年前，农民扛把铁锹去种地，石油工人扛把管钳去巡井；而今，农民种地开上了农用车，石油工人却还在扛管钳，用螺丝刀……上百亩油田，无数的油井，在中国石油产业高速发展的今天，那些"传统"的器具似乎总显得有些"不够格"，所以他不断思考着是否存在提高效率和安全水平的改进措施。

而现在，通过高新技术的引进和运用，唐守忠也终于为许多曾经令一线工人们苦不堪言的"难事"找到了全新的"捷径"——2012年的一天，正在调整配重工作的徒弟不小心从数米高的抽油机上滑了下来，虽然因系有安全绳避免了事故发生，但唐守忠得知此事后，为彻底消除隐患，亲自带着工作室成员每天往返100多公里对分布在野外的各类抽油机进行了一次次检测和试验，并在一年多后，研发了一种置入推力轴承以及撬杠加力杠的智能扳手。利用这个工具，即使是力气不够大的采油女工们也能轻易将1吨多重的曲柄平衡调整工具精准挪到合适位置。除此之外，5G网络与无人机技术的引入也使油田管理变得更加高效和智

⊙ 2015年3月，唐守忠观摩第十五届中国国际石油石化技术装备展览会

能化。如今在工作室二楼的拐角处，一架无人机静静地摆在那里，机身上闪耀着金属的光泽，仿佛随时等待下一次起飞。采油井大都地处荒郊野外，恶劣的气候环境很容易造成设备设施的老化，除了自然因素外，一些人为因素也会导致油井被破坏，如一些不法分子蓄意破坏，导致油井出现管线穿孔、原油和电气设备被盗等现象，不但使国家财产大量损失，还会造成生产安全事故。因此，采油队经常需要组织职工对油水井的安全生产情况定时定点进行巡回检查，以及时发现并处理油水井在安全生产中存在的问题，保障油井正常、安全地生产。但是，采油厂日常工作繁忙，加之油井分布范围广，就使得巡检制度往往难以做到细致排查和全天检测，这些都让油井被盗、破坏等事故无法得到及时发现和处理，影响了生产的安全运行。为此，2019年由胜利石油管理局工会成立了"油田职工创新联盟"，研发"油田生产现场智能巡检与控制关键技术研究应用"（简称空中采油工）优化活动的成果，即用无人机替代人工巡检。以无人机为平台，唐守忠和他的创新团队开发了智能巡检软件，创新了"油田巡检场景无人机高速数据传输与飞控技术"等五项关键技术，实现自动起飞、自动返航、自动巡检、智能识别报警，全场景、多视角、全覆盖，实现了地面人工巡检向空中智能巡检的转变。创新六项智能控制技术，抽油机智能监测、红外成像分析、盘根自动充填、锅炉烟气氮氧化合物综合治理、抽油机远程自动控制电磁刹车、皮带自动调整，实现了人工操控向智能操控转变，推动油田生产现场管理方式发生巨大变革。该成果获得了2021年度山东省职工创新创效竞赛省级决赛一等奖，也为各开发单位提供相关技术和管理方法积累了宝贵的经验。

随着网络技术的推广和应用，油田系统内各工作点与公司之间已普遍采用网络通信系统（有线或无线连接形式的局域网网络结构），借助更快速便捷的网络通信系统和更先进的操控技术，唐守忠利用无人机技术，以传感器、采油机、掌控中心和一线工人们紧密相连，形成一张群策群力的巨网。新技术的发明适应了油田分布地域广、人员分散、上级管理部门远离基层的实际情况，给设备管理、巡检制度的执行以及人员考核都带来了便利。如今，无人机正紧锣密鼓地编织着这张网，也成为这座"孤岛"上连接人们的一个独特的节点。

新时代大国工匠：不变的责任意识

经过30多年的发展，我国经济正摆脱低端竞争格局，中国制造正在向中高端迈进，"工匠精神"正是中国制造亟待补上的"精神之钙"。对时代而言，"工匠精神"是勤奋勤勉和创新创造的融合，是精益求精和开明开放的融合；对企业而言，"工匠精神"是立企之本、兴企之器、强企之基；对个人而言，"工匠精神"是"一生只做一件事，把不可能变为可能"的孜孜以求和梦想情怀。这么多年以来，唐守忠一直追求创意创新，而可贵的是，他身上也有着一种始终不变的精神。那么，这种精神是指什么呢？在唐守忠自己看来，50年来，一代又一代的孤岛人接续奋斗，创造了一个又一个开发奇迹就是这种精神的体现。提及自己这些年的经历，他不仅为自己作为其中的一员，能赶上这样一个好时代而庆幸，更有一种担当和责任意识，想要为中国石油产业承上启下、继往开来的事业出一份力。

一个国家需要冲锋陷阵、功勋卓著的英雄，也需要默默付出、恪尽职守的普通劳动者。兢兢业业、无私奉献，是他们共同的精神底色，也让这些普通的劳动者在平凡中孕育出了伟大的精神力量，构筑起一道道亮丽的风景线。而石油精神中长期倡导的"王进喜精神""大庆精神"等，实际上同工匠精神在内核上是相通的：爱岗敬业、争创一流、精益求精、诚信踏实、艰苦奋斗、勇于创新、甘于奉献，都是石油工人必备的气质与品质。多年以来，唐守忠一直将创新创效作为自己义不容辞的责任，这股不服输的钻劲儿，让他自工作以来便不断地发光发热。当人们走进唐守忠创新工作室的讨论室，可以看到整整一面墙都被用来摆放他和他的团队获得的荣誉证书和奖章。这面墙不只是荣誉的象征，更是他无数次同失败、质疑对抗，越挫越勇精神的体现。测试、修改，再测试、再修改，上百次的失败都没有打倒他，反而使唐守忠在失败中不断汲取经验，调整思维。这一点，他的朋友苗一青有着很深的感触，他觉得比起高高在上的大师，生活和工作中的唐守忠实际上更像是一个贴心的朋友，"他在我的眼中亦师亦友，工作学习中是老师，私下里是朋友，我经常在一线，会遇到很多的小问题，经常请教他。举个例子说吧，注气井是我们日常在石油天然气勘探开采过程中常见的井型，主要通过注入气体来增加井下的压力，改变原油的流动状态。在操作里一般会要求注完气后放压，为了让这一步达到好的效果，员工们一直都想对其进行改进，但思路又老局限在流程上。唐守忠知道后，专门带着我们转了四五十口油井，最后另辟蹊径，在注气补偿器上找到了改造的可能，然后带着我们研究制造了新的工具。这个工具很轻巧，使用起来也很方便，只用两三个人就能马上解决问题。"

对此，唐守忠的另一位朋友隋迎章也有着同样的看法。事实上隋迎章不仅是唐守忠在工作和生活中互相扶持的朋友，更是唐守忠创新工作室的佼佼者。自从2008年加入工作室以来，隋迎章从一名普通的技能型人才快速成长为一名创新型人才，提出并参与了诸如新型紫光外固化封堵材料、环保型"水代柴油"清凝固油装置等的研制过程。在一次胜利油田电视台的题为"劳动光荣——唐守忠的故事"采访中，隋迎章这样评价自己的朋友："我认为他就是一个不管对什么活都充满热情的人，全力以赴想方设法地把事情办好干好，身上有使不完的劲儿。我们参加工作三十年了，我大体给他划分了一下，前十年他就是一个干活拼命、学习拼命、遇到困难拼命去解决的人，这么一个人，就俩字'拼命'，拼命去干。"前十年如此，往后余生亦是如此，隋迎章觉得，这种拼命和认真依旧会在这个山东汉子的血液中流淌、激荡，成为唐守忠以不变应万变的"绝招"。

　　隋迎章还记得在刚参加工作时，唐守忠就开始在注重提高工作效率方面想了许多点子，也提出了许多行之有效的改进措施。比如改进加盘根的钩子等一些小工具，这些操作本来需要四个人来完成，但在唐守忠的改进和创新下，仅需两个人就能干好，提高了工作效率，让大家的工作都轻快了许多。这样的创新例子有很多，特别是在中间的十年。而后来这十年中，唐守忠在继续坚持创新的同时，也不断明确着两个问题。"一个是坚守安全底线。提高工作效率也好，搞革新也好，都不能触碰安全这条底线，不能图省事留隐患。另一个唐守忠看重的是经济效益。这几年，他跟油田的各兄弟单位，甚至江汉油田西南局、大庆，还有辽河油田在做交流，就是把别人的那些好的做法引进来，再把胜利油田的一些好的做法好的成果介绍出去，这样能够产生更好的效益。"

　　隋迎章认为唐守忠能有今天的成就不仅是水到渠成，更是厚积薄发的结果，而更重要的是他十年如一日的坚守。翻看唐守忠这么多年的工作照片，他工作状态中的许多图片，是一种只有他才有的状态，也许有一些是摆拍，但那种一瞬间就投入进去的状态是他多年形成的习惯使然。其实，不笑的时候，面色黝黑的唐守忠看上去神情颇为严肃，在这份严肃的表面下，还藏着一颗细腻的心。即便是团队里最一丝不苟的女员工，也对唐守忠的细致严谨啧啧称奇："唐大师看起来一副不动声色的样子，但其实他特别细心，团队里每个成员的性格脾气他都摸得一清二楚。安排筹划时，每项工作总能匹配到最合适的人选，工作在推进过程中往往事半功倍。"

时至今日，唐守忠与各兄弟单位之间依旧保持着联系，会时不时组成创新联盟来到基层传授技艺。2023年7月，唐守忠一行人驱车110多公里前往滨南采油厂平方王油田1号井工厂。由于持续的高温，滨南厂的一些油井控制柜频繁出现自停现象，严重影响了采油时率和原油产量。为此，该厂工会第一时间协调滨州区域创新工作室联盟，组织区域内技师团队联合攻关，采取搭设遮阳棚、安装强排扇、增加进气通道等针对性措施，虽然有效减少了自停现象的发生，却未能完全杜绝这一现象。厂工会了解到孤岛采油厂技能大师隋迎章也在攻关此项难题，便联系孤岛采油厂特邀唐守忠团队一行6人共同研讨解决。研讨会上，隋迎章与唐守忠都无私地分享了自己的解题思路方法和唐守忠创新工作室的建设运行经验，并将自行研制的降温装置装在PFB248X28井控制柜上进行实地试验，尝试解决该井近期频繁自停的难题。

不论是工作技能或者丰富的知识经验，还是十年如一日的自律，都是唐守忠的特质。现在，除了是一名技术好手和"活字典"，唐守忠还是一名优秀的管理和组织者。他是一面"旗帜"，引领一支队伍，将"责任感"与"拼命"的精神注入团队中。

由于在日常工作中的优秀表现，1990年唐守忠就被任命为采油九队6号站的班长，这时的他刚参加工作半年。6号站管理着3个计量站、23口油井和10多口水井，班组成员有4名男工和7名女工。由于他们班组所处地油藏情况和开发方式独特，井和井之间

⊙ 2020年6月，唐守忠在创新工作室内现场教学

的距离特别远，那个时候还没有实现信息化建设，所有的工作都是靠人工。为了保证连续生产，班组采取了"黑七白七"的工作安排，就是把班组成员进行合理分配，白班夜班倒着上，保持岗上24小时有值班人员，便于处理生产问题。班长这个岗位就是"兵头将尾"，既要懂管理，又要懂技术，还要身先士卒带着大家干活。

面对新的岗位新的挑战，唐守忠的脸上是一贯的面不改色和沉稳，只有从他家里凌晨两点依然明亮的灯光才能看出来他的压力有多大。安全、管理方面的知识都是他急需补上的"新功课"。白天带领大家在井场奔波，巡井巡线、处理生产问题，马不停蹄；晚上挑灯夜战，"标杆管理""学习型组织""安全生产案例"，只要是和安全和管理有关的知识，他都孜孜不倦地阅读。只要有闲暇时间他就向前辈们求教工作经验，和同事们聊天关注他们的思想变化，在工作记录本上认真地记录下班组每一位成员的家庭情况和面临的困难。一段时间下来，6号班组成为队上执行力最强、凝聚力最强、战斗力最强的"三强"班组，队干部们露出了欣慰的微笑。1994年唐守忠担任副队长职务，2004年担任队长职务……管理岗位的经历丰富了唐守忠的履历，让他的思想更加成熟，经验更加丰富，能力更加过硬，而这些经历也在未来带领创新工作室的过程中得到了沉淀。

2019年，在孤岛采油厂唐守忠创新工作室，一项新的利用掺水压力辅助加药的装置也已经蓄势待发，随时准备投入一线生产中了。这项装置由上下两部分组成，利用活塞实现往复加药，利用掺水压力，可在掺水间与井口添加药剂，既可单独掺加纯药剂，也可掺加混合液。该装置的特点是添加药剂方便，掺加药剂均匀，调整方便，劳动强度小，也兼具了清洁环保等优点。

如今走过一个甲子的胜利油田已经为国民经济发展立下了赫赫战功，并且位于黄河尾闾的、荒芜人烟的胜利油田也日益变得绿意盎然，成为绿色高效开发、推进黄河流域高质量发展的生动写照，营造了一幅人与自然和谐相处的画卷。现在，推行开采与保护并重的胜利油田，也针对如何在开采过程中强化清洁生产意识并实现碳中和提出了新要求。从1961年开发以来，胜利油田已经累计生产原油约12.8亿吨。与此同时，胜利油田也逐渐把绿色低碳理念融入勘探开发全过程、清洁生产全链条、经营管理全领域，立誓走出一条"高颜值"的绿色发展之路。面对新的挑战，唐守忠和他的团队自然是不甘落后的，除了重点围绕一线节能环保热点、焦点，开展管理创新和技术创新，他还更多地关注到绿色生产工艺、资源循环再利用、污染减量及治理、绿色低碳等前沿科学技术，并着力探索研究提升绿色注采发展水平。如今，唐守忠团队成员累计攻关形成4大类60余项绿色技术，其中取得国家专利20项、创新成果40项，大部分成果在生产现场进行了推广应用，为绿色企业创建提供科技创新动力。

在唐守忠的相册中，有一组自己的恩师代旭升大师来孤岛考察的图片，画面中不仅有在井场的师生的专注和投入，还有在工作室唐守忠汇报时，老师露出的那种欣慰的微笑。唐守忠还记得，在那次进入人民大会堂时，师傅在前一天晚上专门来到自己的房间为自己加油打气，"为了防止绶带从肩膀上滑落，师傅还特地为我准备了几个头较小的别针，亲手帮我别在了上衣上。"老一辈石油人的爱和奉献被新的一辈传承下来，而在大国工匠精神的传承过程中，唐守忠也看到了这一份甘于寂寞、执着专注的背后凝聚着的是中国石油人的精神力量。师傅们以自己的实践树立起了时代的榜样，对于唐守忠来说，这就是中国石油从业者应该具有的精神面貌和责任意识，而他也积极以此要求自己，逐渐成长为新人们的榜样。在他看来，一个人的技能在时代发展、科技进步面前很容易被折旧，因此，想要跟上时代的步伐，就必须终身学习。执着专注、精益求精、一丝不苟、追求卓越的工匠精神是我们攻克生产难题的法宝。在今天这个相对浮躁的大环境中，"水滴石穿"的信念显得尤为珍贵，这份淡定和坚守早已贯穿唐守忠的岗位生涯，而他勇于担当的品质，也让他成为石油开采领域的中流砥柱。唐守忠，他将不忘初心，继续用实际行动诠释产业工人的"石油梦"。

⊙ 2020年4月，50岁的唐守忠形象照

荣誉之下：从山东到北京

算下来，比起西装，那一身红色的工作服陪伴唐守忠的岁月其实更多，也是这一身在以枯黄色为基调的采油场上颇为显眼的颜色，见证了他一路走来的酸甜苦涩。色彩犹如朝阳的工作服，既浓缩着许许多多为了石油勘采事业贡献了青春、热血甚至生命的石油人精神，又塑造了中国石油人热情洋溢，任凭风吹雨打都不会改变其本色，依然精神抖擞、神采奕奕的形象。一身红色工作服，几件随身携带的工具，无数因为巡井而破破烂烂的鞋子，是唐守忠工作中的全部家当。唐守忠像是一株红柳，就这样扎根在黄河入海口盐碱荒滩32年，逐渐成长为一名知识型、技能型、创新型石油工人，践行并延续着胜利油田精神的荣光，坚守"我为祖国献石油"的赤诚初心。

不过，直到现在，每每回忆起2017年第一次在人民大会堂领取"全国五一劳动奖章"的经历，唐守忠仍能感受到那种焦虑和紧张。除了领取奖章，他还需要做典型经验介绍，他是仅有的两位代表个人发言的获奖者之一。唐守忠的普通话并不标准，为了能尽量完美地完成这次发言，在家里他在妻子王莉的指导下纠正发音，舌头都练到发麻打卷，之后，他和孤岛采油厂孙腾运主席

⊙ 2018年4月，唐守忠参加全国总工会组织的"中国梦·劳动美"活动照

乘采油厂派的专车提前三天进京，在全国总工会劳模处陈处长的指导下修改发言材料，反反复复修改了10多遍，还要跟随传媒大学的张教授学习形象礼仪，结合发言材料一遍又一遍反复试讲。工作近30年，唐守忠及其团队获得的荣誉数不胜数，奖章、证书不计其数，然而在4月26日，表彰会的前一晚，他还是十分紧张，甚至整整一晚都没能睡觉。提及这段经历，唐守忠不禁为自己辩解说："隔壁房间念倡议书的小伙子其实比我更紧张呢，会议的头天晚上他练了整整一夜，完全打乱了我的睡眠节奏，所以我也不得不爬起来跟着念了睡、醒了念。"而这份焦灼的心情与下苦功的练习也最终收获了回报，在唐守忠代表亿万产业工人作发言中，"8分钟发言，有7次掌声"，这让他深切感受到了党和政府对于产业工人们的认可和支持。

干练、稳重，手中捧着荣誉证书，眼神中透着些许兴奋，这是唐守忠在会场领奖时的模样。现在，许多技能人才往往聚焦于复杂生产体系中的某一个环节，他们的工作并不在聚光灯下，但是对提升制造业水平、提高实体经济质量效益具有重要作用。在2020年全国劳动模范和先进工作者表彰大会召开时，习近平总书记就曾在会上精辟概括了工匠精神的深刻内涵——执着专注、精益求精、一丝不苟、追求卓越。望远山而力行，这大概就是劳动模范的意义，不论是在过去还是现在，劳模精神始终感染、鼓舞、激励着所有在平凡的岗位上工作着的不平凡的人们。"守望油井，忠诚岗位"是唐守忠的工作格言，但是，当提及自己所取得的这些荣誉时，唐守忠却表现得极其谦虚，更不止一次对记者与朋友们说："这些荣誉不仅是我个人的，也是所有石油人的共同荣誉，更是对我做好今后工作的巨大鼓励。"

不过，唐守忠没有想到在之后的这几年，他还会再次进入这座气势恢宏的建筑，作为无数一线石油工人的代表和榜样接过国家最高领导人为自己颁发的奖章——2020年11月24日，在全国劳动模范和先进工作者表彰大会上，唐守忠作为全国劳动模范赴京参加表彰大会，而在2021年的7月，作为工人阶级和优秀共产党员代表，他再次披挂红色绶带参加了中国共产党百年华诞庆典活动。

2021年6月，唐守忠得知自己受邀作为全国劳模代表到北京参加中国共产党百年华诞庆典活动。这次庆典活动共有209名全国劳模、全国先进工作者以及全国五一劳动奖章获得者参与，唐守忠记得6月28日下午4点，自己同来自全国各地的200多名代表一起乘车赴国家体育场（鸟巢）参加了"庆祝中国共产党成立100周年文艺演出——《伟大征程》"。这次的北京之行让唐守忠感慨颇多，夜幕下的北京华灯璀璨，流光溢彩，喜庆的灯饰、醒目的标识、巨型的标语，无不烘托着建党百年的喜悦氛围，见证着在中国共产党的带领下，中国科技不断进步、人民生活日新月异。2018年，唐守忠曾和家人们一起守在电视机前观看北京奥运会开幕式，而这次，他也终于坐在这座能容纳4万多人的鸟巢里观看表演了。对于这次现场观看的经历，唐守忠后来绘声绘色地对妻子王莉描述了当时的场景："这场文艺汇演给人最大的感触就是震撼！许多我们所熟知的历史场景，许多我们所亲身经历的时代光影都通过艺术的方式在巨型舞台上呈现。百年历史被娓娓道来，百年征途中的一段段记忆被唤醒。我想无论是当时在现场的我，还是通过电视收看的人都一同感受了百年岁月的峥嵘与伟大历程。现场气氛非常热烈，可以这么说，每个节目都是现场观众与演员、志愿者同欢同唱，真是群情激昂、掌声雷动。尤其是演出最后时刻，全场齐声高唱《没有共产党就没有新中国》，我们每个人手上都拿着一面小红旗，大家一起奋力挥舞，无数的小红旗挥动形成了一片红色的海洋。演出让人感动，盛世来之不易。会演结束时，观众们久久不愿离去，周围尽是欢呼与掌声。国家有力量，人民有信仰，民族有希望。我和在场的观众都是幸运的，我们一起见证了这第一个100年荣耀时刻的到来！"

第二天上午，参加活动的代表们一起来到中国共产党历史展览馆进行参观学习。提及这次参观，唐守忠也感慨万千："我建议大家到北京的时候，有机会一定要去那里看看。党史展览馆充分展现了中国共产党波澜壮阔的百年历史以及顽强奋斗的伟大历程。里面不光有图文介绍，还有实物展出。比如毛主席在开国大典上穿戴的呢衣帽、第一面五星红旗、浙江嘉兴南湖游船模型、李大钊就义时的绞刑架等等。通过参观学习，我们上了一堂生动的党史学习教育课。"2021年7月1日，最激动人心的时刻到来了。凌晨5点，代表们就开始集合安检，6点多向着长安街天安门广场徒步行进，大家都按照要求佩戴着全国劳动模范以及省部级以上劳动奖章，以最深情、最庄严、最隆重的方式，步入"中国共产党成立100周年庆祝大会"的现场。来到广场的参会人数达7

万余人。每个方队代表的脸上都流露着喜悦的神情，洋溢着幸福的笑容。而在回程的列车上，唐守忠也意外地体会到了"做明星"的感觉——当发现他们正是出现在电视上的劳模代表时，车厢里的乘客纷纷聚拢过来，整个列车都沸腾了起来。在大家的热情邀请下，劳模们纷纷重新佩戴起奖章、绶带，和乘务员、乘客们一起留下最美合影。这段经历让他们深深感受到全社会对劳动价值的高度认同、对劳模先进的高度崇敬，劳动模范就是群众们心中最闪亮的"星"。

对唐守忠而言，这次经历中他印象最深的就是在典礼上习近平总书记的讲话。尤其是习近平总书记说"江山就是人民，人民就是江山。中国共产党领导人民打江山、守江山，守的是人民的心"时，他也感受到了这些最朴实的话语阐述了中国共产党为人民服务的宗旨，也更加坚定了永远听党话、跟党走、报党恩的信念！

童年时从乡间土路穿过，唐守忠看到微山湖有高高的芦苇和湖光山色；工作初期骑着自行车巡井，在广袤油田上的唐守忠也如同新栽的小树，在时光中逐渐成长得笔直高大；坐在人民大会堂中展望未来，习近平总书记讲到实现社会主义现代化强国的第二个百年奋斗目标，为人民描绘了美好前景和希望，唐守忠也坚信在以习近平同志为核心的党中央领导下，全面建成社会主义现代化强国的目标一定能够实现，中华民族伟大复兴的中国梦一定能够实现。

弘扬石油精神，筑梦山海之间，唐守忠匠心筑梦、技能报国，以不懈奋斗擦亮精神底色，用工匠精神筑牢理想信念根基，成为创新驱动发展的骨干力量，为实现伟大复兴中国梦提供着强大的技能支撑。工匠们貌似平凡的探求，包含着许多技能工人的社会责任和艰辛奉献。追求之路，没有最好，只有更好。在今天，工匠精神不仅包括干一行、爱一行的爱岗敬业精神，还包括一种道技合一、砥砺创新、追求卓越的革新精神。如今，在荣誉与鲜花的桂冠之下，唐守忠仍将精益求精作为自己不变的底色，用他那双被磨得粗糙、黝黑的手，在劳模工匠箴言日历本2022年7月9日这一页写下这四句话：

"资源有限创新无限，解放思想挑战极限。"

"练好技术才更有力量，精益求精才更有作为。"

"潜心练绝活，笃行克时艰，挑战不可能，创新图发展。"

"端牢能源饭碗，保证能源安全，传承'三老四严'，守望油井，忠诚岗位，争做新时代的'石油鲁班'。"

结 束 语

　　2021年7月1日，唐守忠披挂红色绶带，参加了中国共产党百年华诞庆典活动。其实，在此之前，他已两次作为全国劳动模范赴京参加表彰大会，此外，这也是孤岛油田人连续三年迈入人民大会堂，从党和国家领导人手里接过沉甸甸的荣誉。开发建设50年，唐守忠是"孤岛变金岛"承上启下的一代，在荣耀的桂冠背后，他的经历不仅体现着一位普通的石油人、一位党员的坚持不懈，更凝聚着成千上万的石油工人的拼搏和奋斗。"荣誉不仅是我个人的，也是所有石油人的共同荣誉，更是对我做好今后工作的巨大鼓励。"这份淡然和坚守已贯穿他的岗位生涯，用实际行动和创新意识，唐守忠诠释了产业工人的"石油梦"。而在脱下西装，换回那身熟悉的工服后，他依旧初心不忘，奔波在采油一线。

　　马克思曾说："历史承认那些为共同目标劳动因而自己变得高尚的人是伟大人物；经验赞美那些为大多数人带来幸福的人是最幸福的人。"尊崇劳模，弘扬劳模精神，一直都是中华民族的优良传统。在革命战争年代，"边区工人一面旗"赵占

⊙ 上图　2020年4月，唐守忠（左五）在生产现场团队合影

⊙ 下图　2021年10月，唐守忠（左）与徒弟探讨抽油机工作原理

魁、"新劳动运动旗手"甄荣典等劳动模范，以"新的劳动态度对待新的劳动"，积极参加义务劳动，全力支援前线斗争，带动了群众积极投身中国共产党领导的人民解放事业。而在新中国成立后，"两弹元勋"邓稼先、"铁人"王进喜等一大批先进模范，带领各个行业的普通劳动者顽强拼搏，为国家和人民建立了杰出的功勋。现在，作为新时代的石油工人，唐守忠不仅以劳模精神为指导，也在自己的工作和生活中催生并践行着新时代劳模精神。工作30多年来，唐守忠获得荣誉无数，而他和他的团队提出的应用合理化建议180条中有158项创新成果获局级及以上奖励，拥有76项国家专利、全国优秀质量管理创新成果一等奖3项、省部级成果48项，在油田现场推广应用后累计为企业降本增效1亿元。靠过硬技能推动创新，唐守忠领衔研发的"稠油井掺水提效装置"填补了国内稠油井掺水自动化管理技术空白。这些由唐守忠主导或主要参与的60项国家专利中有15项技术填补了国内相关领域技术空白，也让他成为不折不扣的石油行业"发明家"。

2016年政府工作报告指出："鼓励企业开展个性化定制、柔性化生产，培育精益求精的工匠精神，增品种、提品质、创品牌。"在提及劳动的意义时，习近平主席说："幸福不会从天而降，梦想不会自动成真。我们说'空谈误国，实干兴邦'，实干首先就要脚踏实地劳动。"敬业、责任和技术的组合就是工匠精神，不论是为了筑就人生美丽梦想，还是为了践行核心价值观，这些理想既不是虚无缥缈的，也不是高不可攀的，而是在汗水中拼搏而来的。经过几十年的磨砺，唐守忠像是那些驻扎在盐碱地上的采油"磕头机"，正在用自己的勤勉和严谨不断创造奇迹。他从一名技校生成长为胜利油田采油工技能大师，在一线员工们心中，他正是采油行业的新"鲁班"。

不怕吃苦受累，是因为一切的苦与累、一切的努力和奋斗，都终会成为未来对国家和民族的贡献。甘于奉献，"功成不必在我"；努力攀登，"功成必有我"。当前，我们正处在中华民族伟大复兴的美好时代，面对浩浩荡荡的时代潮流，每个人成长发展的条件从来没有这么优越，施展才华的舞台从来没有这么广阔，梦想成真的前景从来没有这么光明。只要立足平凡岗位、汲取新知识、钻研新技术、掌握新本领，创造性劳动、诚实劳动，把自己的成长发展融入国家发展全局之中，将"小我"的追求融入"大我"的梦想之中，就一定能在中华民族伟大复兴和实现中国梦的伟大征程中谱写精彩的乐章。奋斗新时代、奋斗新征程，劳动模范和他们的精神正激励着广大劳动群众以实干笃定前行、以平凡铸就伟大、以奋斗开创未来，在全面建设社会主义现代化国家的伟大征程上展示新的奋发姿态、创造新的发展契机、谱写新的奋斗史诗。中国改革开放四十多年，甘于奉献的工人阶级成为新时代推动中国这艘巨轮的坚实动力。唐守忠勤勉攀登，践行了有技术才更有力量；他巧干实干，悟透了会创新才更有价值；在丹心育才的道路上，他幸福地感受到了担责任才能更有价值。匠心铸就人生精彩篇章，红心向党献祖国，万众创新必有我，不断奋斗力不竭。祝福我们的石油能源事业在广大石油工人的齐心努力下蓬勃发展、蒸蒸日上。